新装版

学級・学年の〝荒れ〟を防ぐ叱り方

「叱り方」の教科書

吉田順

学事出版

はじめに

教師は20万回叱る

教育現場では子どもを褒めたり叱ったりする場面がとても多いです。特に、毎日のようにあるのが「叱る」場面です。

50歳を過ぎたある時、私は、自分は教師生活でいったい何回叱ることになるのだろうかと思って計算してみました。

朝、学級で「高橋君、早く座って」「田中君、今日も遅刻だよ」「佐藤さん、まだ懇談会の出欠票が出てないよ。困るなあ」などというレベルなら、朝の会、帰りの会、休み時間、昼食時間、授業時間、掃除の時間、放課後の活動中、部活動中などで頻繁に叱っています。

そして本格的な問題行動への対応になると、かなり厳しく叱ることが多いです。私は荒れた学校に勤め、生徒指導部長も長かったので相当数になります。1日25回叱るとして、授業日数200日、40年近く勤めましたから、約20万回叱ってきた計算になります。

もちろん、「叱る」といってもちょっと「注意する」というレベルから、「諭す」「説諭する」「説教する」「戒める」「たしなめる」などというやや冷静なものから、感情を露わにした「怒る」「憤る」「叱責する」や「咎める」「叱咤する」などのレベルまであります。

教師はこのような多様な叱り方を無意識に選択して日々実践しているわけです。

ところが、教育界では一般的に「叱る」より「褒める」ことのほうが優れた教育方法であり、「叱る」は劣るものと思われています。

しかし、わが子を叱ることなく、褒めちぎって育てたという親は稀であるように、幼児期ならまだしも小学校高学年や中学生の子どもたちを担任が褒めてばかりで指導するのは、非現実的な話ではないでしょうか。

「叱る」ことは指導の入り口であり、立派な教育方法の一つです。

「叱る」勇気をもとう

叱るのに勇気が必要なのかと思う方もいるでしょう。学級や学校が落ち着いている時は、勇気などは必要ありません。

ところが、荒れに向かっていく時に誰もが迷う場面があります。

例えば、ようやくここまで人間関係もできて、普通に会話ができるようになったという時に、些細な問題を見つけたとします。すると教師は「こんな些細なことを注意して叱ったら、また人間関係が悪くなるのではないか。でも、他の子には見逃さずに注意をしているし……」と迷うのではないでしょうか。

また、暴力的な生徒であったり、その保護者がとても厄介であったりすると、ついつい叱ったりするのに躊躇してしまいます。

こういう教師にダメ教師とレッテルを貼ってはいけません。むしろ、迷うことのほうが自然なのです。人は誰でも争いやトラブルを好みませんから、迷うのは当然なのです。この迷いをなくすには「叱る勇気」をもつことです。そのためには日常的によくある42の場面の「叱り方」のコツを身につけましょう。

本書は私のこれまでの著作をシリーズ化するにあたり、「教科書シリーズ」として旧作を新装したものです。若干の字句の修正などはしましたが、旧作と同じです。

迷うことなく勇気をもって叱ることができるようになることは、荒れを防ぐために大切なことの一つですから、本書がその役に立つことを願っています。

２０２３年2月　　吉田　順

新装版「叱り方」の教科書　もくじ

第3章　「わけ」を探り、取り組む～ただ叱っても繰り返すだけ～　79

うまく叱るための〝心構え〟

どんなうまい叱り方であっても、普段の〝心構え〟がきちんとしていないと子どもの心には響きませんから、指導は入らずうまくいきません。

序章では、うまく「叱る」ために、普段から教師は「どんなことに気をつけていなければいけないのか」「どんなことをしているといいのか」について述べています。

「なぜ、あの教師は叱ってもうまくいくのか」

私が若い頃の話です。

同じことを叱っても、ある女性の先生が叱ると子どもは素直にきくのに、自分が叱るとふてくされたり、口答えをしたりして一筋縄ではいきません。はじめは私のほうが若いからと思ったこともありましたが、ことごとく反発する姿を見て、一時「叱る勇気」が湧きませんでした。叱れば叱るほど、子どもの心が離れていく気がしました。

できるだけ叱らずに学級経営をしたいと思っていたのですが、荒れている学校でしたから、次々と叱る材料が見つかる一方、褒める材料はなく困り果てました。

ある時、私はその女性の先生が生徒の面倒を実によくみていることに気づきました。学習が遅れている子には家庭学習の仕方を教え、翌日にはそれを点検し、さらに次の課題を与えるという具合に継続的にみているのです。放課後には係活動などに取り組み、そこでは子どもが特技を生かして生き生きと活躍していました。

何よりもうらやましかったのは、みんな担任が大好きで尊敬していることでした。おそらく私が知らないだけで、まだまだ他にも〝秘訣〟があったに違いありません。

さらにこういう先生がいました。この先生も女性で、声も小さくいかにも弱々しい先生でした。学級には荒れた男子生徒が数人いました。そうすると通常、その影響で学級全体が荒れたりします。ところが、この学級は授業も学級活動も行事も整然としっかり取り組んでいました。数人の荒れた生徒に同調する生徒がほとんどいなかったのです。

もともと同調する生徒がいなかったのではありません。同調しなくなったのです。この先生も生徒たちから好かれ尊敬されていました。放課後には教室でこの担任の周りを子どもたちが取り囲み、よく談笑している姿を見ました。

2人の教師に共通しているのは、とても好かれていて尊敬されているということでした。実にシンプルな理由ではありませんか。

尊敬されていないと指導は入らない

教師が好かれていて尊敬されてさえいれば、叱っても子どもは素直に必ず言うことをきくのかどうかはわかりませんが、少なくとも失敗する要素にはなりません。

逆に考えてみると納得がいきます。嫌いで尊敬していない教師に叱られると受け入れることは難しいものですが、深いつながりのある人の言葉は心に染み込みます。

教師と生徒の関係も同じで、それまでにどれだけ深いつながりがあるかが重要なのです。さて、どうすれば尊敬される教師になれるのでしょうか。道徳的で崇高な話をして尊敬されることはまずないでしょう。２人の教師のように生徒とのつながりを深めることです。

まず〝好かれる教師〟になろう

最も初歩的なつながりは、まず好きになってもらうことです。好きになると「嫌われたくない」という心理が自然に働きますから、叱られてもできるだけつながりを守ろうとします。もちろんこれだけでは、指導がいつもうまくいくとは限りませんが、好かれることが第1ステップです。では、好かれるにはどうすればよいのでしょうか。

これは10人の教師がいれば10通りの好かれ方があると思います。私が学年主任だった頃に、よく若い教師に教えたのは次のような方法です。

学生時代にマジックをやっていた手品のうまい教師には、朝の会でマジックをすすめました。数秒でやれるものから、１分くらいのトランプ手品まで毎日のように朝の会でやったところ、子どもたちには大人気でした。まずは好かれるという目的を達成しました。

ゲームの攻略法に詳しい教師、カラオケの得意な教師、マンガに詳しい教師、魚釣りの大好きな教師、おしゃれに詳しい教師、などと何でもいいのです。これでは学級のわずかな生徒から好かれるだけじゃないかと心配する人もいることでしょう。しかし、みんなに好かれなくても構わないのです。次の〝信頼される〟教師になる足がかりだからです。

〝おもしろい教師〟でもいい

ところで、私はどうしたのかですが、私自身は趣味も特技も何もありません。とても好かれる教師にはなれそうもないのですが、唯一、モノの起源と語源に興味がありましたから、毎日、朝の会で一つ紹介しました。そのうち飽きてきたので、今度はダジャレにしたところ意外にも評判？　が良く長続きしました。そのために普段からダジャレ帳をつくり何百と集めておかなければいけません。

例えば、「お酒は胃と肝臓に悪いから飲み過ぎはいかんぞう！」「水族館にイルカはいるか」「ダニの幼虫には要注意」「父ははかない一生だったので、墓はない」「バスガイドを乗せたバスが移動した」「寝床はねえー、どこ？」「うちの家内はおっかない」などと、私のダジャレ帳には300くらいのネタが集まっていました。

私のドジでマヌケな体験談もよくしました。担任の立派な子ども時代の話に、生徒は決して共感しません。共感するのは、成績のいい、真面目なごく一部の生徒です。大半の生徒はドジでマヌケな話に共感し、親近感をもってくれます。

ダジャレやドジでマヌケな話で教師に親近感を覚えてくれるとしめたものです。いつも難しい話をしてしかめっ面の教師には、子どもは本音も言わないし、本当の姿も見せません。「こんなことを相談しても相手にされないかも」「そんなことを聞いたら叱られるかも」などと不安になります。朝から「規律だ！　規律だ！」と説教する教師にも相談できません。

次に〝信頼される〟教師になろう

いよいよ〝信頼される教師〟に近づきます。好かれる教師やおもしろい教師の周りには子どもたちが寄ってきます。これが目的なのですから大いに会話を楽しみ、その会話の中から困っていることや悩みを見つけます。時にはその会話で得た情報から、さらに詳しい情報を集めることもあります。

こうして学級の子どもたちの中にある困っていることや悩みにたどりつくことになり、これがわかるとしめたものです。もちろん、どのように介入するかは相談者、被害者、保護者などと相談することになります。

担任はその困っていることや悩みに真剣に取り組みます。

もし、親身になって取り組めば、結果がどうであれ信頼されるようになるでしょう。「あの先生は話をきちんと聞いてくれる」「あの先生は必ず取り組んでくれる」「あの先生は頼りになる」「あの先生なら何とかしてくれる」と思ってくれたら信頼されるようになったということです。これ以外に生徒から信頼される具体的なプロセスはありません。

さらに、この子どもたちを通して、「あの先生は信頼できる」ことが広まります。ですから、先に〝みんなに好かれなくても構わないのです〟と言ったのです。

例えば、たった5人の生徒に好かれただけでも、その中のたった1人の生徒の困っていることに取り組むと、5人の生徒から信頼され、その5人からまたその友達に広がり、10人に広まるかもしれません。こういう地味な積み重ねをしないで、楽して信頼される教師になる道はやはりありません。

ところで、荒れている学校や学級ではそれどころではないと思う人もいるでしょう。しかし、たとえどんなに荒れていても、この信頼される教師の道は欠かせられないのです。むしろ、荒れているからこそ必要な道だといえます。一般生徒の信頼を得られなければ、荒れた学校や学級が落ち着くことはないからです。そのため、荒れている学校や学級では、教師は荒れた生徒と一般生徒の両方に取り組まなければならないので、莫大なエネルギーを使うことになります。そうなる前に、〝信頼される教師〟になりたいものです。

最後は〝尊敬される教師〟になろう

本当は信頼されるようになればもう十分なのですが、さらに尊敬されるようになれば叱ってもいっそう受け入れてもらえるでしょう。

尊敬されるというのは、具体的に言うとその先生のようになりたいと憧れることであり、自分をその先生に同化させようとしますから、ますます指導は入りやすくなります。

みなさんにも尊敬する人がいると、その人のしぐさや癖までうつってしまったという経験はありませんか。それが〝尊敬〟の具体的な状態なのです。そこまでいかなくても、尊敬する人の真似をついついしてしまうというのも同じです。

さて、序章では叱るための普段の心構えを述べましたが、決して実現不可能な難しいことではないということがおわかりだと思います。くれぐれも他人の成功した叱り方をそのまま真似してはいけません。まずは心構えという土台を普段からしっかりと築いてください。土台さえあれば案外と叱り方は簡単かもしれません。

【ここがポイント!】

叱っても子どもが素直に従うのは、叱り方がうまいだけでなく、その先生が生徒から好かれている、信頼されているという関係が既に土台にあるからです。まずは好かれる教師を目指してみましょう。

第1章

「叱る」ことの教育的意義

叱ることなく教育が成立するなら、そうしたいと誰もが思います。しかし、現実的にはそうはいかないので、「叱る」のもやむを得ないという〝必要悪〟の立場をとるのです。

第1章では、「叱る」こと自体に6つの積極的な教育的意義があることを述べています。

“外科的治療”は入り口

私の仕事は「生徒指導コンサルタント」ですから、日本中の荒れている学校や学級の先生たちと対応の方針をつくる仕事をしています。

そこの先生たちから学校や学級の様子を聞きながら問題点を探るのですが、最近よく聞くのは「若い先生たちの中に厳しく叱れない先生たちが増えてきた」という話です。もちろん、それが最近の傾向なのかどうかは確かな根拠があるわけではありません。

よくよく話を聞いてみると「叱れない教師」と「叱らない教師」に分けられることがわかりました。つまり、叱ることができない教師と主義として叱らないことにしている教師の違いです。

私も長く学校現場で学年主任や生徒指導部長を務めてきましたので、この両方のタイプの教師に出会ってきました。実際にはすっきりとこのタイプに分けることはできず、「叱れない教師」と「叱らない教師」が1人の教師の中に併存していることもあります。

念のために、それぞれのタイプを具体的にみてみます。

子どもを叱れない教師

まだ若い頃のある学校でのことでした。朝の会が始まってもまだ廊下に数人いるのに、担任は軽く注意しますが、言うことをきかなければそのまま朝の会を始めてしまいます。昼食時には教室の好きな場所で食べることを許可し、早く食べ終わった子は廊下や他の学級に入り込みます。掃除は真面目な子だけでやり、やらない子たちは他の学級の子たちと遊び、終了する頃に自分の学級に平然と戻って来ますが、厳しく叱ることもしません。こういう無規律な学級でしたから、隣の学級の私はとても迷惑でした。落ち着いて朝の会や帰りの会がやれず困りました。

ある時、その担任が叱る場面を見ました。学級活動の時間でしたが、司会を務めていた学級委員長の指示にも従わず、勝手に騒いでいる生徒に業を煮やした担任が怒ったのですが、あまりにその口調やトーンが怒りを表すものとはほど遠く何の効き目もありません。

この先生は叱るのが本当に不得手な教師なんだなと感じました。こういう教師はどうすればいいのかは、本章の目的ではないので省きますが、叱らなくても指導が入る教育技術を身につけなければ、今日の学校現場ではかなり厳しいと言わざるを得ません。

子どもを叱らない教師

一方、主義として「叱って教育をすべきではない」と考えて叱らない教師もいました。集会を開いてもその学級だけはたえず私語に興じていました。特に、最後尾には数人の荒れた生徒が座り込んだり、寝そべったりしています。

担任はわれ関せずという顔で先頭にいますから、やはり現実をみたくないという心理が働いていたのでしょうか。

朝の遅刻も基準がありません。チャイムが鳴ったら教室にいればいいらしいのですが、遊んでいてもいいのですから、廊下と教室を走り回っていても遅刻になりません。やがて、廊下や階段で遊んでいても遅刻ではない、ついにはチャイムが鳴った時に昇降口にいたら遅刻ではないと言う強者まであらわれてきたようです。

もちろん、私は学年の会合で意見を言ったり、個人的に話したりもしましたが、この教師の言い分はこうでした。

「私は生徒の自主性を尊重しているんです。子ども自身に気づかせて指導していくことを重視しています」と。

この無規律状態に至ってもまだこんなことを言っているのですから、私には全く理解できませんでした。この状態は卒業まで続きました。

叱るのは外科的指導

さて、この二つのタイプの教師は、共通した心理である厳しく「叱る」勇気をもっていないということが言えます。

人を褒めることにはリスクはありませんが、「叱る」ことはリスクを伴います。叱ると人間関係が悪くなるかもしれません。嫌われるかもしれません。その結果、対立が深まり、今後の指導にプラスになることはありません。

つまり、叱るには「勇気」が必要なのです。その勇気を培うには叱る技術を身につけなければいけませんが、その前に「叱る」ことの教育的意義に確信をもっていなければいけません。

それは、「叱る」ことは立派な指導の一つだということです。

もちろん、褒めることも指導の一つですが、それに劣らず立派な指導です。ただし、「叱る」のは外科的治療のようなものであって、これだけに頼って子どもを変えようと思ってはいけません。

病院の外科と内科に似ていて、例えば、薬を使って患者の内側から直すのが内科で、外側から手術などによって患部を直接治療するのが外科ですが、通常その両方から適切な治療方針を立てるのは問題行動の治療でも同じです。

そのためには「叱る」という指導によってはじめて、指導が始まることがほとんどです。叱ると子どもは何らかの反応を示すのが普通です。もしかすると、「うるさいな！」と反発するかもしれません。すかさず「そんなことをしていたら、うるさく言うのは当然でしょう」と言い聞かせ、ここからやりとりが生まれます。先の二つのタイプの教師のように、叱らなければやりとりも何も起きません。もし、「だって、あいつからしてきたんだよ」などと言ったら、「なるほど、そのことを詳しく話してよ」とやりとりを始めます。

ですから、「叱る」という指導は指導の入り口になりますから、教育的に劣る指導ではありません。

ただし、既に述べたようにそれだけに頼って子どもを変えようと思っても子どもは変わりません。今度はその入り口から内科的治療に移らなければいけません。内科的治療とは問題を起こす「わけ」を探り、その「わけ」に取り組むことです。

私の経験では問題行動には次のような「わけ」がありました。
・もっと自分を認めてくれ。
・自分のことをもっと見てくれ。もっと相手にしてくれよ。

・もっと自分のことを心配してよ。
・もっと自分を光らせたい、発揮させたい。
・もっと注目され目立ちたい。
・今までの自分と違うことを見せたい。
・教師や親の反応を試したかった。
・お父さん、お母さん！ ケンカばかりしているから、自分の居場所がないよ。

これらは子どもが大人になっていく過程ではごく普通に抱く欲求ではないでしょうか。多くの子はこの欲求を健全な体験の中で満たしていくのですが、問題行動を繰り返す子どもは歪んだ満たし方をしているわけです。

詳しくは第３章で述べることになります。

【ここがポイント！】

「叱る」ことは劣った指導ではなく、指導の入り口に当たる「外科的治療」です。ここから「わけ」を探る第一歩が始まります。

教師の〝価値観〟を学級集団に教える

「叱れない教師」と「叱らない教師」の学級は、無規律な状態になることが多いのはなぜでしょうか。

もし、教師の目の前で悪さをしたのに叱らなかったら、他の子どもたちは「そんなに悪いことではないんだ。やってもいいいんだ」と判断するに違いありません。

また、教師の知らない所で悪さをやって、そのことを担任に伝えたのに何も指導をしなければ、伝えた生徒は「あれくらいはいいのか」と思うでしょう。私ならそのことが学級集団にわかるように、あえて「長野君、休み時間の件でお話がありますから、放課後に残ってください」と言って全員に指導することを示します。

しかし、どうせあの子は叱ったくらいでは指導には従わないから、「叱っても関係が悪くなるだけで、やめたほうがいいのではないか」と思う先生がいるかもしれません。

私ならそれでも叱ります。「叱る」ことには大切な教育的意義があるからです。

価値観を教える絶好の機会

子どもは生まれた時から、物事の善悪を身につけているわけではありません。大半は周囲の大人や子ども同士の人間関係の中で学びます。

特に、親と教師が最も多くを学ぶ相手です。

子どもが何か悪さをしたら、叱られて初めて善悪を知ることが多いものです。

もちろん、褒められることによって、逆にしてはいけないことを学ぶことも多いはずです。どちらも具体的な行為から知るということでは、共通しています。おそらく、書物から知るだとか、道徳の時間に学んだなどという生徒は、めずらしいのではないでしょうか。

同時に、子どもというのはいつも教師を観察していて、この教師は「こういうことには、うるさいな」「こういうことには、甘いんだな」などと教師の価値観を身につけ、やがてその価値観にそって行動するようになります。

だから、ある子どもが悪さをしたら、他の子どもたちは教師の対応に「この先生は、あんなことをした子を叱るだろうか」「どのくらい叱るのだろうか」「どういうふうに叱るのだろうか」などと注目をしているものです。

この絶好のチャンスを逃してはいけません。この時に、気づかなかったり知らない振りをしたり、後で叱ったりしたのでは、せっかく生徒が注目している時を逃してしまうことになるからです。

そのため「叱れない教師」と「叱らない教師」の学級は、「どういうことは許されるか、どういうことは許されないか」が曖昧なために、無規律状態になってしまうのです。

陰で叱ることは、必ずしもうまい叱り方ではない

子どもを叱る時は、みんなの前で叱ってはいけないという言説があります。

子どものプライドやメンツを傷つけることになるから、みんなの前で厳しく叱ってはいけないという比較的有名な「叱り方」ですが、特殊な場合を除き、間違いです。

悪さの内容、悪さをした生徒の性格、悪さをした時と場所、被害者の気持ちなどによって、「陰で叱るか」「みんなの前で叱るか」が決まりますが、一般論として陰で叱ってはいけません。

ここぞと思う時は、みんなの前でも烈火のごとく叱らなければならないことがあります。こんなことを言うと、無神経で冷酷な教師のように聞こえてしまいますが、悪さをした子どものプライドやメンツを守るより、被害を受けた生徒を支えるほうが優先されるケースもあります。仮に直接的な被害者がいない迷惑行為（例えば、ゴミを床に投げ捨てる

等）であっても、周囲に与える不快感は無視できません。陰で叱っては学級の生徒たちに教師の価値観は教えられません。

生徒から見えない陰で叱る学校の場合

ある学校で授業中にもかかわらず、トイレに行った帰りに、気に入らない生徒がいるクラスだという理由で、ドアを蹴とばすという授業妨害が起きました。気づいた先生は誰がやったのかを確認だけしたら、そのまま授業を続け、授業の終了後にその生徒を職員室に連れて行きました。この学校は、厳しく叱るのはできるだけ他の生徒の目にふれない所で行うことを方針としているそうです。

この方針の危険なところは、一般生徒に「あの事件」がいったいどうなったのかがわからないまま終わってしまうということです。自分をねらって蹴ったと悟った生徒は、教師の対応に失望するでしょう。これでは、教師の価値観を教えることはできません。

もっとも、事後に全学級で「このような指導をして、本人は深く反省をしています。二度としないと約束をしてくれました」等の話をするなら少しはましです。ただ、本人のプライドやメンツを重視しているのですから、このような話は多分していないでしょう。

そうすると、生徒に教師側の価値観が何も伝わらないままになります。実際、この問題行動はその後も頻発し、授業が成り立たない無法状態になっていきました。

一見、教育的配慮にもみえ、温かい指導方針にみえますが、絶好の善悪を教える機会を失ったことになり、学校や学級集団に正義の気風は育ちません。

ところで、このドアを蹴とばすという話には続きがあります。

あまりに頻発したために、厳しく対応することにしたのですが、時既に遅しで、「何で俺たちには厳しいんだよ。先輩たちの時には違ったのに」となり、保護者と相談した時には「息子は不公平だと不満をもち、納得がいかない」とこじれるありさまでした。

「陰で叱る」という、一見もっともらしいこの言説にはくれぐれもご注意ください。

みんなの前で叱れば問題行動は直るのか？

ここで勘違いをしないでいただきたいのは、私はみんなの前で叱りさえすれば問題が解決すると言っているわけではありません。学校や学級集団に正義の気風が育たないと言っているのです。

問題行動を直すには、このような授業妨害をする「わけ」を探し、その「わけ」に取り組まなければいけないからです。

まず叱って、それから「わけ」を探る内科的治療に入ればいいのですが、同時に学校や学級集団に正義の気風を育てなければいけません。やはり、いったん荒れるとそこに費やす教師側のエネルギーは相当なものになるという覚悟が必要です。

【ここがポイント!】

「叱る」ことは教師の価値観を教える絶好の機会です。ですから、いつも陰で叱っていてはいけません。

〝見捨てられていない〟気持ちを育てる

問題行動は発熱のようなもの

風邪にかかると熱が出ます。熱が出ないと気づかれずに放っておかれることになりますから、ずいぶんと人の体というのはうまくできているものです。

人の心も何かが起きると問題行動という熱を出します。ただ、人の心はとても複雑なので、何かが起きてもじっと我慢してしまうと、ある日突然、爆発する場合があります。むしろ小出しにしてくれたほうが、わかりやすいし対応しやすいということになります。

発熱を放っておく親がいないように、教師は問題行動という発熱に対して「知らないふり」や「物わかりの良い態度」「理解のあるふり」をして、放置してはいけません。

みなさんの中には「それはそれでわかるが、それなら問題行動をまず〝叱る〟というかかわりから始めるのではなく、もっと心に寄り添った別の対応があるのではないか」と考える人もいるでしょう。

しかし、それでも「叱る」という指導の道を選択したほうがいいのです。

そうすると、あくまでベストではないやむを得ない選択なのかと思われてしまいますが、そうではなく「叱る」こと自体が積極的選択です。

「叱る」ことは「見捨てられていない気持ちを育てる」こと

「国立青少年教育振興機構」の調査結果（平成29年4月発表）を読み、少し意外でした。この調査は、全国の20～60歳代の男女５０００人を対象にして、「失敗してもあきらめずにもう一度挑戦する」「厳しく叱られてもくじけない」などの「へこたれない力」の強さを調査したものです。

また、この「へこたれない力」は子ども時代に親や教師から「褒められた」「厳しく叱られた」経験が多かったのか、少なかったのかとの関係で比較しています。

やや複雑な調査ですので、結論だけを紹介しますが、とても意外な結果です。意外だと思ったのは、「へこたれない力」は褒められた経験の多い人ほど強いが、同時に、叱られた経験も多い人ほどより強かったことです。最も弱かったのは、褒められた経験も厳しく叱られた経験もともに少ない子どもでした。

とても興味深い調査結果ではないでしょうか。褒めるのは教育的だが、叱るのは教育的でないと考えられているからです。

結局、褒めたり叱ったりして真正面から向き合うことが大切です。

その結果、子どもは「自分は見捨てられていない」「相手にされている」「注目されている」という感覚を得るのです。この感覚は親子の絆の土台です。これがなくては強い絆はできませんし、教師と子どもも同じではないでしょうか。

教師をためす問題行動

非行・問題行動は思春期のつまずきのようなもので、多くは一過性で終わります。非行生徒のほとんど大半は大人になっても犯罪者になるわけではありません。非行生徒の大半が犯罪者になるのなら、日本の国はとうの昔に犯罪者だらけになっているはずです。事実は全く逆です。

犯罪はできるだけばれないように隠れて実行されますが、非行・問題行動は意外と堂々と行われるのは、その行動の「わけ」が大人の犯罪のそれとはおよそ違うからです。大人の犯罪ならば、怨恨・男女関係・金品を得るためなどと明確な「わけ」が存在します。

ところが問題行動ならば、授業中のドアをわざと蹴ったり、教師にふてくされた態度を意図的に示したり、わざと遠くの見えるところでタバコを吸ったりします。

これらは「オレはこんな悪さをしているのだから、さあ先公たちどうする」と試しているようなものです。子どもが熱を出して親に訴えているようなものです。そんな時に、知らないふりをしたり、事実上、不問に付すなどということをしたりしてはいけません。

私なら「ばか者！　何やってるんだ！」などと、思いっきり叱ってきました。もちろん、時と場所をわきまえた叱り方が一番良いのですが、一番良い叱り方に迷って躊躇してはいけません。とりあえず、ここではまず叱ることが最優先です。

「オレを見捨てないでくれ」

もちろん、叱ったからといって反省するわけではありません。それどころか暴言が返ってくるかもしれません。いったん、生徒との人間関係は悪化しますが、叱ることは生徒への「先生たちは見捨てていないぞ」という強力なメッセージなのです。

幼い子が道路にひっくり返って、何か駄々をこねているのを時々見かけます。ある母親は怒って、知らないふりをしてそのまま歩いて行ってしまいました。その子は母親の姿が見えなくなると、突然、立ち上がって母親を追いかけ、また母親の目の前でひっくり返って駄々をこねたのです。

母親の前で駄々をこねるその姿は、あの中学生とだぶります。見えない所で駄々をこねても注目はしてもらえません。まさに「見捨てないでくれ」と言っているわけです。

思春期の子どもというのは、実に屈折した表現をするもので、叱ったら反抗してきますが、叱らなければさらに見捨てられたと思って、問題行動はむしろ拡大するのが普通です。学校や学級が荒れていく時には、特にこの傾向が強いのです。

ウソの反省でもいいから積み重ねさせる

問題行動を繰り返す生徒は、心からの本当の反省は簡単にはできません。できないから、繰り返しているのです。教師は、心からの反省などは期待しないで、ウソの反省でもいいから積み重ねさせることが重要です。

心からの反省という見返りを期待せずに、いま目の前にいる生徒の「オレを見捨てないでくれ」という無言のサインに応えることが大事なのです。

【ここがポイント！】

「叱る」ことは「自分は見捨てられていない」「相手にされている」「注目されている」という感覚を育てることになります。

やってはいけない〝限界〟を教える

「壁」のない学級や学校ではいけない

学校には絶対にしてはいけない行為というのがあります。授業を妨害する、暴力をはたらく、他人に嫌がらせ（いじめ）をする、金品をたかる、などがあげられるでしょう。もちろん、茶髪の禁止、アメ・菓子類の禁止などと多くの約束事や規則がありますが、これらは絶対にしてはいけない行為とは根本的に違います。

前者の絶対にしてはいけない行為は、他人の安全や安心を奪ってしまいますが、後者の茶髪などは他人の安全や安心を直接的に奪ってしまうわけではありません。

ですから、多くの学校では茶髪を禁止しても登校を禁止するとか、直さなければ学校には入れないなどの機械的な禁止はしません。時間をかけて説得し、納得を基本にした、いわば努力目標のような禁止事項です。

ところが、授業妨害、暴力、嫌がらせ、金品のたかりなどの絶対にしてはいけない行為は絶対に認めることはできませんから、努力目標ではありません。しかし、絶対にしてはいけないと叫んだところで、守らない子にはこの区別は意味がないのでは？と思われます。

そこで必要なのが「壁」という考え方です。「壁」がないと、安全で安心な環境を恒常的に実現することはかなり難しいと思います。一時的に落ち着いても、また何年かすると荒れます。教師集団の中に「壁」という考え方が定着していないためです。

もちろん、この「壁」というのは物理的な壁のことではなく、絶対に認められない（許されない）という指導体制のことです。

教師の顔色をうかがいながら悪さをする

例えば、やや荒れた生徒がいるとします。そのような生徒であっても、今までより一段悪いことをする時には、心中穏やかではありません。「これをやったら、叱られるだろうな」「それとも大丈夫かな」などと迷いながら、教師の顔色をうかがっているものです。

もし、そのような時に教師がその〝迷い〟に応えて叱らなければ、多分その生徒は「あれっ、こんなことやっても全然叱られないのか」と受け取るでしょう。こうして、問題行動はさらにエスカレートすることになります。学校現場では、「問題行動を見逃さない」などと一般的に言っていますが、大切な意味をもっているのです。

ですから、どこかで〝限界〟を教えないと際限なくエスカレートするのが現実です。さらに荒れていくと、荒れた生徒同士の中でも競い合いが起こり、一段とエスカレートします。気づいた時には半ば無法状態になり、打つ手がなくなります。

激しくエスカレートする前の初期の頃であればあるほど、限界を教えることが必要です。

それにしても、激しく荒れている生徒を叱ったところでどれほどの効果が期待できるのだろうか、という人のために次の話はどうでしょうか。

ある「荒れた少年」の話

次は、卒業後に何年もたってから打ち明けてくれた教え子の話です。

「本当は毎日が胃の痛くなる思いだった。オレは仲間の中心だったから、それなりに悪さをしなければいけない。仲間が何かをやれば、それ以上のことをオレはしなければならない。オレだって、やりたくない日もあるよ。そんな日に、あることから先生たちと言い争いになり、仲間もみんな見ていて、後に引けなくなったとき、先生たちが猛烈に叱ってくれた。そのおかげで、オレは暴力だけは先生たちに振るわずに卒業できたよ」と。

この話を聞いたとき私は驚きました。あれだけ傍若無人に振る舞っているように見えた彼でも、心の中では「叱られる」ことを待っていたということに驚くとともに、そのことを当時の私たち教師は全く想像もしていなかったことを残念に思いました。もしわかっていたら、きっとためらわずに叱ることができたでしょう。

「叱られればよけいに反発もするし、その場ではいっそうエスカレートするが、その後の行動には間違いなくブレーキがかかっているんだよ。卒業後に、オレたちが思い出す先生は、やっぱり厳しく叱ってくれた先生だよ。オレたちのご機嫌を取っていたような先生は覚えていないよ」

かなり、手前勝手な言い分でもありますが、「叱る」という行為がいつも一方的で抑圧的な指導とは限らないことを叱られた本人たちが、みごとに語っていると思います。

「叱る」ことは対立も生みますが、限界を教えることになるのです。

トラブルは起きてもいい

しかし、厳しく叱ったところで、〝限界〟を教えられるものではないという人がいるに違いありません。この場合、「厳しく叱る」というのは体罰を与えることではなく、やめるまで注意する、場合によっては強制的に連れ出す、何人もの教師で取り囲む、などということです。もちろん、他人の安全や安心を奪うような問題行動の場合です。

この時に最も大切なことは、絶対にしてはいけない行為を注意したり叱ったりした結果、例えば生徒がさらに興奮したり暴れ出したりした時に、「トラブルが起きてもいい」という合意をしておくことです。

この合意がないと、教師は誰でも生徒とのトラブルは避けたいですから、トーンを落としたり途中で諦めたり、やがて見て見ないふりをしたりすることになりますので、このような学校や学級には「壁」はいつまでもできません。

私の経験では、学校が荒れていく時は例外なく、この「トラブルは起きてもいい」という合意がないために「壁」をつくれない学校になっています。

5つの「壁」をつくる

1回や2回の厳しい指導で「壁」ができるわけではありません。しかし、荒れ始めであればあるほど「壁」はつくりやすいです。

「壁」には5つあります。①生徒集団の壁、②教師集団の壁、③保護者の壁、④地域の世論の壁、⑤法律の壁です。

①は生徒自身の自浄力で、「不正は嫌だ」「安全で安心な学校にしたい」などという生徒自身の中に育つ健全な精神です。②は本書の目的そのものです。③は保護者の教育力で、

これがないと子どもの心になかなか歯止めがかかりません。④は地域の世論や教育力ですが、今日ではあまり頼りになりません。⑤は児童相談所や警察などの関係機関との連携であり、今日ではこの連携は欠かせられません。また、起こした問題行動によっては（例えば、暴力、金品のたかり、器物損壊など）法的対応をしなければいけません。

【ここがポイント！】

学校や学級には「壁」が必要。この「壁」は限界を教えることで確立していきます。そのためには、叱った生徒と「トラブルは起きてもいい」という合意が事前に必要です。

5

生徒の心に〝自己抑制力〟を育てる

悪を抑制する心はどうやって育成されるか

子どもの心の中に自分を抑制したり、自分を律したりする力はどのように育成されていくのでしょうか。おそらく、一通りではなくいろいろな道筋があって、人によって様々だろうと思われますが、私もそうであったように、次のような体験を通して自己抑制力が育つことが多いと思います。

「こんなことをすると、多分父親に叱られるだろう」と悪さをしようとした時に、怖い父親を思い出し、悪さに歯止めがかかることがあります。

もちろん父親ではなく、母親であっても祖父母や兄であってもいいのです。そのためには厳しく叱られたという体験がないといけません。

「怖い人」を子どもの心の中につくることです。これはあの有名なフロイトの超自我であり、「父親の声」です。

もちろん、それだけでは単に叱られるからしなかったというだけのことで、「バレないようにやればいい」となってしまいます。フロイトによると「怖い人」が内面化されることが必要で、その内面化された心の中の「怖い人」が行動を抑制するのだそうです。

内面化されるためには、ただ怖い人であってはだめで、この「怖い人」は尊敬や信頼の対象でなければ、内面化されません。尊敬や信頼の対象であると、例えば「父親に嫌われたくない」「父親のようになりたい」という原理が働いて、悪い行動を抑制しようとします。やがて、「怖い人」を思い出さなくても、内面化されてあたかも自分自身の行動規範のように抑制できるようになります。

学校の中も家庭の中と同じ

子育てをする時に、父親と母親がそれぞれの役割を分担して協力し合います。その意味するところは、厳しさと愛情がバランス良く必要だという意味であって、父親も母親もどちらも厳しかったり、逆にどちらもただかわいがったりするだけでは子どもは健全には育ちません。このことには誰も異論は唱えないでしょう。

先の「怖い人」は通常は家庭では父親です。同様に、学校の中もほどよく厳しさと愛情がなければならないのですが、学級担任は1人なのですから、1人で父親と母親を兼ねなければならないところに難しさがあって、たいていはどちらかに偏ってしまいます。「叱れない教師」と「叱らない教師」が担任である学級や、ただやさしいだけの担任の学級では「怖い人」が存在しませんので、自己抑制力は育ちません。

このように「叱る」ことには重要な教育的意義があって、「叱るべきか」「褒めるべきか」という二律背反に悩む必要はないのです。

昨今の風潮は、どちらかと言うと学校の中には「怖い人」役の父親がいなくなってきたことを既に述べました。厳しければ、生徒との対立も増え、親とのトラブルに発展することも多いですが、やさしくしておけば、とりあえず生徒との摩擦も親からのクレームも少ないからです。

「叱る」と「褒める」を兼ね備える

生徒にただ愛着をもって接し褒めるだけでも、生徒をただ叱るだけでもいけません。その両方を兼ね備えていてはじめて、それぞれ片方が教育的意味をもつのです。家庭の中であれば役割を分担できますが、教師はその両方をしなければなりません。ところが、叱る教師が褒めると効果がありますし、褒める教師が叱るとこれまた効果がありますから、案外とバランスが取れるものです。

しかし、教師というのはどちらかに偏ることが多く、ほどよくどちらも兼ね備えている人はなかなかいないものです。

そういう場合は、お互いに補完し合えばいいのです。つまり、役割分担をするわけです。家庭で言えば、母親と父親が役割を分担するようにです。この時に、この分担するという考え方が特に荒れている学校では難しいのです。

父親のような役割を担っている教師は、厳しく叱れないから生徒は荒れるのだと批判し、母親のような役割を担っている教師は、もっと生徒に寄り添った指導をしないから荒れるのだと、お互いに対立します。

学校に「怖い人」をどうやってつくるか

以上のことを確認した上で、ここではどうやって学校の中に「怖い人」をつくればよいのかを考えましょう。

私の経験では、教師集団の4分の1程度でいいですから、厳しく叱れる教師がいればバランスの取れた生徒指導が可能です。ただし、ただ怒鳴り散らすのとは全く違いますから、既に述べたように、その叱れる人は生徒から尊敬され信頼もされていることが条件です。

そういう人が一つの学年に1人もいないと悩む学校や学年があります。これも最近の傾向の一つですが、調和の取れた人的配置がされていないのですから、管理職の責任が大きいと言わざるを得ません。

例えば、3年生が荒れているとそこに「怖い人」を安易に集めたがります。すると、バランスが悪すぎて実際には生徒指導はうまくいきません。他学年には「怖い人」はいなくなり、こちらもうまくいかず、結局また荒れるというのが現実です。これは管理職に「怖い人」を多く配置すれば、学校は荒れないという考え方があるからです。

こういう場合は生徒指導体制としてつくれば良いのです。「怖い人」という意味は、ここでは悪を許さない人ということですから、必ずしも教師でなくても良いのです。

例えば、悪さを繰り返す生徒にはもともと「怖い人」は存在しません。前項「4」で説明した「壁」がないのですから、学校の中にはもはや「怖い人」はいないのです。「壁」は「怖い人」がいないとなかなかつくりにくいのです。もし、教師集団の中に「怖い人」がいなければ、学校外の「怖い人」を活用するしかありません。

まず「親」です。もちろん、父親でも母親でも祖父母でも叔父さんであってもいいのですが、もちろん生徒本人に好かれていて信頼され尊敬されていることが重要なことです。ただ、怖いだけなら一時的な効果はあっても長続きはしないでしょう。ですから、軽微な段階で協力し合って積み重ねていかなければ、一度や二度の相談では「親」に「怖い人」の重要性は理解してもらえません。

もう一つの「怖い人」は児童相談所や警察などの専門家との連携です。

特に、警察との連携については教師によっては誤解をしていることが多く、間違った知識のために教育的ではないと忌み嫌う人も少なくありません。警察と連携することが必ずしも告訴するとか、鑑別所や少年院に収容することになるわけではありません。

警察は少年の非行を防止、予防する仕事があり、「次にこういうことをすると、こうなりますよ」と教えられますから、「怖い人」としての役割があります。

【ここがポイント!】

悪を抑制する心を育てるには、身近に「怖い人」の存在が必要です。学校には「叱る教師」も「褒める教師」も必要ですが、「壁」をつくるには「怖い人」が不可欠です。

生徒の心に〝葛藤〟を起こす

親が子どもの葛藤を奪う

A君の母親はこれまでにたびたび担任の先生に抗議に来ています。抗議に来るのは担任がA君を叱った時です。A君は授業の遅刻も多く、掃除をサボったり、注意をすればふてくされたりします。おとなしい子には乱暴な言動が多いため、当然担任も叱ることが多いのですが、全く改まりません。

ところが、A君の親は「うちの子のいいところを見てくれてない」「先生に逆らったのは悪いが、先生の叱り方がうちの子に合わないのです。もっとうちの子を理解してほしい」「掃除をサボるのは、B君と同じ班になりたかったのに、気の合わないC君と一緒になったからのようです」「もう少し長い目で見てほしいです」などと、いつでも親に守られていました。

適度な葛藤は成長のステップ

少し乱暴な説明になりますが、人は葛藤する経験をせずに成長するとどうなるでしょうか。つまり、いつも褒められ、認められて育つのですから、自尊心は肥大化し過度にプライドの高い人になります。

普通の子どもは様々なトラブルを経験しながら、他人とのかかわりの中で成長していきます。その結果、褒められることもあれば、叱られることもあって、身の丈にあった自尊心を身につけていきます。

ところが、自尊心が肥大化し過度にプライドの高い子どもは、トラブルにかかわっても「悪いのはオレじゃない」と非を認めません。

子どもがいつも褒められてばかりいたり、子どもの非が何らかの理由によっていつも免罪されていたのでは、子どもは「自分は間違っていたのだろうか」「相手に嫌な思いをさせたのかな」「自分はこんなことばかりしてていいのだろうか」などという葛藤は生まれません。

人は適度な葛藤がなければ成長しません。適度に褒められることも必要ですが、適度に叱られることがなくては、「自分は正しいのだ。これでいいのだ。間違っているのは相手なんだ」と思い込み、自尊心だけが膨れていくことになります。

もちろん、適度な自尊心は自己肯定感を育てるために必要な感情です。

しかし、その自尊心を身の丈にあったものにするには葛藤がなければいけません。葛藤は自分を客観的に認知する能力（心理学ではこれを「メタ認知」といいます）を養います。自分自身を見つめ直す機会ができるからです。例えば、「僕も悪かったかな」「あの時、こうすれば良かったかも」などと「反省」できるようになるということです。

A君のようにいつも親に守られ、他人のせいにしていたのでは葛藤は生まれませんから、反省も生まれません。

葛藤を起こさせるのが教育の仕事

叱るのは愚かな教育的行為で、子どもにプラスになるものは何もない、あくまで必要悪だと信じている教師もいます。

私たち教師の仕事は、子どもにプラスになることをいかにたくさん能率よく与えるかだと思ってはいないでしょうか。否定的イメージの強い「ストレス」だとか「不安」は、葛藤と同じく時には次の成長のバネにもなることがあります。満ち足りた状態からは何も生まれませんが、そこに適度な「ストレス」や「不安」や「葛藤」があると、人はそれを克服するために挑戦しようという意欲が湧きます。

「葛藤」がなければ、子どもは現状に満足してしまい成長しませんが、それらが適度にあることによって、次の成長のバネにしますから、「叱る」という教師の行為には重要な意義があるのです。

葛藤を起こさせるためには妥協しない

私たち教師の中には、叱り方をめぐって先輩教師からいろいろな〝言い伝え〟があります。「しつこく叱らないほうが良い」「その子に合わせた叱り方をする」というものから、はては「愛情をもって叱る」という抽象的なものまであります。

少し横道にそれますが、「叱る」と「怒る」は違うという教師もいます。どう違うのかというと、「叱る」は冷静だから良いが、「怒る」のは感情が前面に表れているからダメらしいのです。私はそんな区別をして叱ったり怒ったりはできません。

悪さを見た瞬間にする指導ですから、そもそも感情がなければ瞬間には指導できません。それがダメだと言われると、叱ることはもはや〝名人芸〟です。名人芸のカリスマ教師やスーパー教師やプロ教師には、いったい何人がなれるのでしょうか。仮に1万人のカリスマ教師を養成しても、小・中学校は全国に約2万8000校、教師は64万人もいますから、およそ学校を変える力にはなり得ないでしょう。

さて、話をもとに戻しましょう。これらの〝言い伝え〟のような一見もっともらしい抽象的な叱り方でわかった気になってはいけません。重要なことは、何のために叱るのかであって、どう叱るかではありません。葛藤を起こすことが目的なのですから、時にはしつこくせまることがなくてはなりませんし、その子には合わない叱り方をすることもあるでしょう。厳しく叱ることをあきらめてはいけません。

例えば、「君が自分は間違っていないと、そこまで言い張るのなら、先生は君の親とも相談します」などと言うと、きっと子どもは荒れるでしょうが、それでも子どもと〝対決〟しなければいけません。

「君がこの行為をまたやるなら、また先生は君に説教するでしょう。それでもやめないなら、親と相談します。それでまだやめないならば、親に朝から教室にいてもらいます。それでもだめなら、法的に対応します」

1歩も引かないという姿勢によって、はじめて葛藤が起きる生徒もいるという現実を今日の教師は知っておかなければなりません。

本章の最後に少し興味深いエピソードを一つ。アドラー心理学に一時傾倒したある先生の話です。

アドラー心理学の学級づくりには、子どもの問題行動などの不適切な行動には教師は注目しないという原則がありますが、不適切な行動には注目をしないかわりに、適切な行動にも注目（「勇気づけ」）しないといけません。それなのに、適切な行動にも注目しなかったため、つまり、完全に相手にせず無視したのです。

これでは子どもは「見捨てられた」と思うでしょうし、教師の価値観も行動の限界も教えられません。

教育の世界には、○○流教育、○○式教育、○○理論というものがたくさん存在しますが、特定の考えや理論で目の前の子どもたちを観るのではなく、子どもたちと格闘する中で、その結果として考えや理屈を自らが発見することです。

その時、はじめて特定の考えや理論の優れた一面がわかることになります。

【ここがポイント!】

「叱る」と子ども自身の心に葛藤を起こします。親や教師は子どもが葛藤する機会を奪ってはいけません。適度な葛藤は自分自身を見つめる力を育てます。

第2章

パターン化して取り組む
～叱ることを減らす～

学校には、無数の〝してはいけないこと〟があります。それら全てを１００％守らせようとしたら、子どもたちにとって学校は息苦しく、教師も現実には指導不可能です。

第２章では、叱る機会を減らし、教師の労力を減らすためのパターンを示します。結果、教師との人間関係も悪化しません。

提出物が出ない子

担任の姿勢が影響する

提出物に無頓着な担任がいます。締め切りまでに回収できた分で終了し、未提出者にもしつこく指導しません。子どもたちは「提出しなくても大丈夫なんだ」と思ってしまい、やがてきちんと提出しない悪い習慣が身についてしまうのです。

提出物の未提出を重大な問題ではないと軽視し、そのままにしておくと、宿題はやらない、授業にもきちんと取り組まないなどと、規律のない崩れた生活になっていくのが普通です。ですから、些細なことだと軽くみてはいけません。

しかし、学校にはたくさんの配布物があります。保護者からの返事や確認の必要なものも少なくなく、1人でも未提出者がいると正確な集計ができません。

そうなると、担任は朝から「○○君、まだか。早く持っておいで」と注意します。これが何人もいるとなると、それに費やす時間も相当なものですから、だんだんと「いい加減にしなさい」と怒ることになりますが、叱っても叱っても提出物はなかなか出ません。

回収したら未提出者をすぐ把握できる工夫をする

回収すべきプリントを配布したら、すぐに未提出者が把握できるようにします。未提出者がすぐに把握できなくては催促できないからです。

そこで配布したら、すぐにプリントの右肩に大きく1～10番は黒、11～20番は青、21番以降は赤で出席番号を書かせます。回収した時には、色別に分けてから番号順にすれば、未提出者はすぐにわかり把握できます。回収する子を3人決めておくと、もっと早く集めて未提出者を発見できます。

このようなシステムによって、提出しないと必ず提出するまで催促されることを教えて習慣化させます。

最初が肝心！

私の場合は特別な理由のない限り、締切日に提出しなかった生徒は再登校で持って来させました。この原則は基本的に譲りませんでした。この時にいろいろな理由で例外として譲ってしまうと、生徒たちの基本的な生活習慣は確立しません。ここは生徒に「この先生は絶対に譲らない」と諦めさせることです。

ですから、しつけのようなものなので習慣化させるために、システムをつくってパターン化します。あとはパターンを何度か続け習慣化させます。そして、再登校まで実行すると「今度の担任はいい加減なことはできない」と思ってもらえるでしょう。

そうすると回収率も抜群に上がります。

もちろん、再登校でも持って来ない子、毎回催促しないと持って来ない子はたいてい保護者に理由がありますから、「わけ」を探る取組が必要です（これについては第3章）。

【ここがポイント！】
まず、未提出者を早く把握できる工夫をします。締切日に提出しなかったら原則として再登校で持って来させます。特別な理由がない限り、譲ってはいけません。譲ると「守らなくても大丈夫なんだ」と学んでしまうからです。

朝の会、帰りの会が騒々しい学級

こんな朝と帰りの会は、できるのだろうか？

ものの本によると、朝の会は「1日の目標や見通しをもたせ」、帰りの会は「1日を締めくくり、明日以降の目標をもたせる」のだそうです。

40年近く担任をやってきましたが、冗談はやめてほしいと思いました。

朝の会は通常は10分間、学校によっては5分間ですから、この短い時間に必ずしなければならない遅刻・欠席の確認、健康観察、配布物の回収、今日の連絡すら終わるかどうかわかりません。帰りの会も10分間ですが、配布物や各教科の明日の持ち物や宿題の確認などで5分はなくなるでしょう。

さらに、学級の歌や今月（今週）の歌を全員で合唱したり、テーマを決めて1分間スピーチを行ったりして会を充実させるのがいいらしいのですが、よくもこんな非現実的なことを言うものだと思います。

先のものの本に書いてあることは、全く実現不可能な絵に描いた餅であるといっていいでしょう。

現実の朝と帰りの会は、どうなっているか？

では、どのように朝と帰りの会は行われているのでしょうか。

多くは、その日の連絡事項や指示・諸注意に費やされていると思います。

もちろん、担任からすると連絡事項は伝えなければいけないし、指示・諸注意は生徒の生活上のことですから、放っておくことはできませんので、これも言わなければいけないと思ってしまうのです。

こうして叱ったり厳しく注意したり嘆いたり、時間はあっという間に過ぎてしまいます。

しかし、連絡事項を事務的に伝えてさっさと終了にしてしまうという教師にも少なからず出会ってきましたが、これは問題外です。

「叱る」ことを減らして、楽しくなる話を一つする

担任は事務的な係や委員会などの連絡事項は、事前に画用紙に書いて朝のうちに黒板に

貼っておきます。また、係の生徒には明日の宿題や教科の持ち物を事前に黒板に書いておくことを習慣化させます。

次に「叱る」ことを減らします。教師が朝や帰りの短い時間で一方的に話す「こうしなさい」「これはいけない」などというのは、一番守ってほしい子には多分ほとんど徹底しないだろうと思われます。こういうのはロングの学級活動に回します。

連絡事項の時間を節約し「叱る」ことを減らして、騒々しい朝の会や帰りの会から脱するには、何か一つ生徒が耳を傾けてくれることをしたほうがいいのです。序章で述べた「好かれる教師」「おもしろい教師」になるためです。自分の特技や興味を生かして準備もなくできるものがベストです。

朝も帰りも不機嫌な顔をして、口やかましくガミガミ言うのをやめなければ、子どもたちは親しみを感じることができず心は離れていくでしょう。

【ここがポイント！】

時短のために、事務的な伝達事項は事前に紙や黒板に書いておきます。短時間で一方的に「叱る」ことに効果はほとんどないので、生徒が興味を惹くことを一つやります。

3

席替えの不満を口にする子

子どもにとっては大問題の席替え

席替えは私たち教師が思う以上に子どもたちにとっては大問題です。席替えで、たまたま隣同士になった子とそのまま一生、友達だったということはめずらしくありません。その反対に、いじめや不登校になるきっかけになることさえあります。

また、並び方によっては私語の増える例が多く悩みの種になります。

したがって席替えの結果、子どもたちから不平や不満が出たり、場合によっては親からも苦情や変更の希望がきたりして、担任は困惑することになります。背景には複雑な人間関係のもつれがあるため、誰とでもいいとはならないわけです。

担任はこの不平不満に対応することになります。放置すれば、並び方に不満のある子たちから、「担任が勝手に決めている」「一部の生徒の希望だけは通っている」などという身勝手な非難が広がり無視できなくなることがあります。

対応に失敗して、いつのまにか座席を決める権限が子どもたちに奪われてしまい、「好きな者同士」になり、一部の荒れた子どもたちだけに〝楽しい〟学級となり、学級が崩壊した例もあります。

しかし、席替えのたびにこの不平や不満を叱ったり指導したりしていては、とても時間がかかり現実的ではありません。

そこでついつい頼りがちになるのが、「くじ引き」や「じゃんけん」です。最近では「席替えソフト」なるものまであるそうです。不平不満を「運」の問題にして終わらせようということです。

これほど生徒の関心が高い席替えを「運」に任せてはもったいない話です。教育活動の一つとして位置づけます。

「いい座席」とはどういう座席か！

4月当初は通常、出席番号順ですが、問題は次の席替えからです。最初にパターンをつくります。その前に、席替えは担任の責任で行い、権限であることをはっきりと伝えます。

席替えはよりよい生活ができるように、定期的に行うので生徒全員を健康面も含めてよく知っていることが必要ですから、担任の仕事であることを説明します。

　また、子どもがよく主張する「好きな者同士」は、選ばれなかった子にとっては「あなたは嫌われている」ということですから、この決め方はやらないことをはっきりと宣言しておきます。「好きな者同士」は授業中の私語が増えることも言えばおおかたの子は納得します。

　その上で「担任よりも、君たちのほうが詳しいこともあるから、みんなの意見や知恵を借りたい」として、学級委員長（議長など）や班長などと席替えの会合をもちます。すると「A君とB君が近いと私語が増える」「Cさんは友達がいないから、Dさんの近くがいい」などと情報が集まり、席替えだけでなく生徒指導にも生かすことができる重要な教育活動になります。


【ここがポイント！】

席替えを軽視してはいけません。「好きな者同士」は絶対にいけません。「くじ引き」や「じゃんけん」による「運」任せの席替えではなく、重要な教育活動の一つとして位置づけます。

給食の席くらい自分たちで決めたいと主張する子

〝話のわかる先生〟になりたい？

子どもたちに「君たちに任せるから、自分たちで決めたいものは何？」と聞いたら、おそらく相当数の子たちは「座席」、中でも「給食の席」と言うでしょう。

友達関係が狭くなった今の子どもたちは、その狭い範囲の友達とは何から何までべったりとした関係（例えば、トイレまで一緒）をつくりますから、給食も一緒と思うのは当然です。逆に人間関係の悪い相手とは一緒に食べたくないのですから、給食時の座席は子どもたちには関心の強いことなのです。

また、教師は生徒の「自分たちで決めたい」という言葉にとても弱いのです。教育には自主性を育てるという目的もありますから、そうしてもいいかなと心が動くのでしょう。

さらにそれを言うのが影響力のある生徒ならば、なおさら担任として嫌われたくないという心理も働きます。こうして、ついつい子どもたちの言い分に押されてしまい、いつのまにか「教室内なら、まあいいか」と給食時の座席のルールも曖昧になり、ついに事実上「好きな者同士」が許されている学級があります。

荒れ始めの学級や荒れている学級では、かなり見られる現象です。

〝独りぼっち〟の給食

2010年に群馬県の小学校6年生の少女が自殺しました。少女の学級では自殺の1カ月前から給食を一緒に食べる班が崩れて、好きな者同士で食べるようになり、その少女はどの班にも入れてもらえず、1人で食べていたそうです。毎日「あなたと一緒に食べる子は誰もいない」とさらされているわけですから、これほど屈辱的なことはありません。

当時、この自殺事件は「いじめ自殺」として報道されましたが、報道によると担任は給食の席を決めることもできず、子どもたちが勝手のし放題だったといいますから、まさに荒れる学級で起きた事件です。

実際、〝独りぼっち〟や〝たった2人〟で食べている学級を何度か見てきました。当時は私のほうが若くて担任に言えない間に、その子たちは不登校になってしまいました。

ですから、「好きな者同士」という子どもの主張とは、断固として戦わなければいけません。

機械的に単純に給食の席を決める

私は給食時のグループは、生活班で機械的につくるようにしていました。もちろん、なぜそうするのかという理由を事前に話しておきます。

「もし、みんなが輪になってワイワイ食べている時に、自分だけは独りぼっちで食べているとしたらどんな気持ちですか。しかも、毎日続くのですよ。自分がされたくないことは、他の人にもしないルールにしましょう」などと話せば、おおかたの子どもたちは納得してくれます。

私の場合は〝生活班をそのまま給食時のグループにする〟とパターン化していました。そうすることによって、叱ったりする機会を減らし、無用な指導をなくしました。

【ここがポイント!】

子どもは「給食くらいは好きな者同士がいい」とよく言います。理由を話した上で、生活班や座席順でグループを機械的につくり、独りぼっちの給食が起きないようにします。

5

掃除がきちんとできない学級

担任の価値観が左右する

毎日の掃除をきちんとやれる学級にするのは、なかなか大変な労力のかかる仕事です。若い頃に先輩教師から生徒が掃除をきちんとやれるようにしつけたら、担任は一人前であると言われましたがその通りです。

掃除をきちんとさせるには、学級経営上の考え方や指導の技術など全てが問われるからです。たかが掃除なのに、そんなに大げさなことではないだろうと思う教師は、自分の学級や周囲の学級を見るとすぐ気づくはずです。掃除の時間の大半はいないのに、終わり頃にはちゃんと戻ってきている子、教室にはいるがほうきを持って遊んでいる子、雑巾がけのような面倒な仕事は決してしない子などに悩まされた経験はないでしょうか。

きわめつけは、荒れた学校で経験したことですが、掃除の時間には他の学級の子が入り込み、もう掃除どころではなかったことです。

ところが、こういうことにいっこうに悩まない教師もいます。当番の子がやっていようがいまいがお構いなし、最後にきちんとやれているかどうかもお構いなしで、時間がくれば終了にしてしまいます。

掃除指導には担任の価値観が反映するもので、掃除の指導ができないようでは、概して学級経営もうまくはできません。

〝きれいな整理整頓された状態から1日を始めたい〟というこのごく当たり前の価値観が担任になければ、不都合な現象も気にならないし目に入りません。

道具、手順、分担の3つのコツ

きれいにしたいと思ってどんなに叱っても掃除はうまくできません。子どもたちの日常生活には、実にゴタゴタした場所を大勢で掃除するという習慣がないからです。ましてや、ほうきを使うことはめったになく、雑巾がけもしたことがない子が多いのですから。

ですから、どんなに叱ってもそれを実行できる子は数人でしょう。

掃除は教えるものなのです。それも3つのコツを教えます。まず、人数分の道具があること、次に思いつきで勝手バラバラにやらないで手順をパターン化すること、そしてその手順を分担することの3つです。

これを学級活動の時間に1時間使って、たっぷりと教えます。そしてその日の掃除から担任は実演して見せ、生徒にもさせて教えます。

掃除をしない子を〝よく観る〟

しかし、それでも掃除サボりはいますから、サボり方をよく観察し、その原因を見つけて取り除きます。例えば、掃除の時間の大半はいないのに、終わり頃にはちゃんと戻ってきている子はその間はどこで何をしているのかをつきとめます。その上で叱ります。「この担任は甘くないぞ」とわかって普通はしなくなります。一般的に注意したり叱ったりしただけで指導を終了にしないということが大切です。

ゴミが散らかる、掲示物が破れる、机の整理整頓ができていないなどの学級経営上よくあることは、おおむねこのような対応になります。

【ここがポイント！】

きれいな整理整頓された状態の教室から1日を始めるという、当たり前のことができないようでは、担任は務まりません。掃除は「道具、手順、分担」の3つが重要です。

6

集会が私語も多くざわついている学校

〝荒れ〟とは定位置につかないこと

優れた実践家であった故・家本芳郎氏の名言に「〝荒れ〟とは定位置につかないこと」というのがあります（『ザ・席替え』学事出版）。荒れているが、生徒は教室の座席も集会の並び順もきちんと守り、私語もなく参加しているなどというのは、私は長い教師生活でただの一度も経験したことはありません。

例えば、集会では、荒れた生徒は並び順を無視して後列に固まり私語に興じるのはまだしも、学級を超えて体育館の出入り口付近の一角を占領し、好き勝手なことをしているなどという光景はめずらしくありません。

この状態から生徒を定位置に戻すのは並大抵のことではありません。

まさに、〝荒れ〟とは定位置につかないことですから、定位置に戻すには荒れを克服しない限りほぼ不可能です。荒れる根本には、「まじめに並んでいられるかよ」「俺は他のやつとは違うんだ」という心理がありますから、他の生徒とは違う場所に自らの定位置をつくろうとします。

ここまで根の深い原因ではなくても、いつも私語が多くざわついた集会であるという学校があります。ここではこのような学校を想定します。

私語対策は並び順と担任の位置

最大の私語対策は生徒の並び順です。集会で私語に興じている場所をよく観てみますと、たいがいは並び順を無視して平然と気の合う子と前後左右に並んで私語に興じています。これを物理的にできないようにします。背の順にして並び方をはっきりと固定化（実際には年2回くらい）し、勝手に変えにくくします。荒れてしまうと何の意味もなくなりますが、これだけで激減します。

ところで、この〝物理的にできないようにする〟という考え方になじまない教師もいるのではないでしょうか。確かに子ども自らがその気になる指導がいいに決まっているからです。

しかし、現実的に考えて子どもを指導する際に、何から何まで子ども自らがその気になる指導は望むべくもありません。

一般社会ではこの物理的環境の利用は普通に使われている考え方です。例えば、マクドナルドは硬い椅子で客の滞在時間を短くしている、公園のベンチを手すりつきベンチにすると横になって寝る人がいなくなる、人がたくさん集まる建物の前に花壇を設置すると迷惑駐輪がしにくくなる、などと物理的にできないようにする環境をつくっているわけです（『選択と誘導の認知科学』山田歩著、新曜社、２０１９）。

担任がどこにいるかも重要なことです。担任はただ前にばかり立っていてはいけません。荒れている学校や学級では、担任はむしろ後列から整列させます。後列は遠いですから一番集中しにくい場所なので、私語が多くなるからです。前方は学級委員などに任せばいいのです。

担任の指導場面には、生徒をその気にさせる指導、その気になるのを待つ指導、その気がなくても許さない指導などといろいろあるのです。

【ここがポイント！】

荒れた生徒は自らの位置をつくろうとするため、座席や並び順を無視しようとします。集会の私語対策は「生徒の並び順をはっきり決めておく」「担任は後方にいる」ことです。

忘れ物が多い子

前日、家で用意する習慣をつける

かつてこんな子がいました。忘れ物があまりにひどく、いくつもの教科の担任から苦情が殺到しました。注意したり叱ったりする程度ではとても減りそうもありませんので、そこで本格的に担任として取り組むことにしました。

1．忘れそうな主な道具や教材を用意しておき事前に貸し出す。
2．明日必要な道具や持ち物のメモを取らせる。
3．メモを見て家で用意する時間をつくるように指導する。

1カ月ほど取り組みましたが、この3つ全てに効果がなく、打つ手がなくなりました。
1は、本人に「忘れ物をなくしたい」という自覚がないため意味がありませんでした。
2は、メモを取り忘れたり、家でメモを見て揃えたりする習慣がないため、これも意味がありませんでした。

3は、そもそも用意する習慣がないため、私が電話をしないと用意しませんでしたから、これもだめでした。

とうとう卒業まで忘れ物は続きましたが、5年後に社会人だった本人に会った時に「君のあの忘れ物癖は今はどうなっているか」と聞くと、今はどうやらそんなことはないようでした。その理由を聞くと、「そんなことをしていたら、クビになってしまうよ」と言っていましたので、案外と社会に出ると直るものなのだと思ってしまいました。

ところで、多くの忘れ物癖のある子は1～3のいずれかの取組で忘れ物は激減するものです。

習慣化するために保護者の協力をもらう

1～3の取組でも忘れ物が減らない場合は、保護者の協力をもらわないと通常改善されることはありません。

家庭生活の中に、宿題をしたり明日の準備をしたりする習慣が定着していないため、メモを取らせてもそのメモを見て用意することがないため、忘れ物が多いのは当然です。

こういう家庭では保護者のわが子とのかかわりが薄いのが特徴ですから、まずわが子とかかわりをもつようにお願いします。それも具体的に提案しないと保護者にはわかりません。

通常、1~3の取組の中で保護者もわが子の実態を知り、協力をしてくれるものです。それがなかったということは、そもそもわが子の教育に関心がない、何らかの事情があってそこまでの余裕がない（親は働きづめ、病気がちなど）などという理由が考えられますから、簡単なことではなく、担任としてかかわるのは、これ以上は無理かと思います。

その子の家庭環境や保護者の教育に対する考え方などとかかわりますから、とても根が深い問題でもあります。

結局、忘れ物の取組というのは家庭での親子の過ごし方の取組ということにもなりますから、すぐに忘れ物ゼロを目指すこと自体無理だということになります。辛抱強く取り組むしかありません。

【ここがポイント!】

忘れ物はメモを取る習慣をつけることでかなりが解決します。それでもなくならない子は家庭の中に、宿題をしたり明日の準備をしたりする習慣が定着していないためですから、保護者の協力が不可欠です。

8

整理整頓のできない子

整理整頓の苦手な子もいずれは直るのか

長い担任生活で、学級には机・ロッカーの中はゴミと学習道具でごった返し、周囲には私物が散乱という状態の子がだいたい1人か2人は必ずいました。

忘れ物の多い子がそうであるように、案外と大きくなれば直っているものです。そんなデータはありませんから断言できませんが、実は私自身が小・中学校の時は整理整頓のできない子で、特に小学生の時はひどかったようです。ところが、その後不思議と直っていき、高校生の時にはそのような傾向はなかった気がします。もちろん、家に帰っても机代わりの小さなテーブルは遊び道具と学校の道具ですごい状態でよく親に叱られました。

ですから、担任は「そのうち直ればいいだろう」という気持ちでいればいいと思います。たぶん、どんなに厳しく叱っても長続きはしません。それには次のような理由があるからです。

自分自身の経験と現職時代の整理整頓のできなかった子たちから、おおむね次のようなことが言えると思います。

1．学習に関心がないため、整理整頓にも関心が向かない。

2．散乱していても、困った経験があまりないから整理整頓しない。

3．整理整頓しておくと気持ちがいいという経験をあまりしていない。

問題は具体的なのに、理由は抽象的なため速効性のある方法がなく、結構やっかいなのです。

それぞれに対応した対策がある

1～3が複合していることがほとんどですが、一番やっかいなのは1の関心がないためという場合です。授業や学習に関心がないため、整理整頓するという意識がないのですから、これはすぐには無理です。

私の小学生の時の理由です。帰る時間が近づくと、頭の中は遊びのことでいっぱいで、日が暮れるまで遊んで帰宅し、夜は8時過ぎには寝るのが普通でした。そもそも授業や学習に関心がないのですから、整理整頓などという意識はありませんでした。保護者と学習への関心を高めるための相談が必要ということになります。

2と3は困った経験、気持ちのいい経験をさせることです。

例えば、2はいろいろな手を使います。わざと捨てようとして「あっ、ゴミだと思ったよ。違うんだ」と挑発する、周囲の子に「うわーっ、汚いね」と時々言うように頼んでおく（男子に多いから、女子に頼むと効果的）、チャイムの鳴る前にわざと「○○君、授業で△△を使うからすぐに出るようにしておいてね」と言っておく、などと教師が整理整頓に注目していることを間接的に伝えます。

3ならば、帰りの会の後に整理整頓を指示してやり方を教えながら一緒にきれいにします。そして「よしきれいになった、明日から10日はこの状態を保とう」と褒めますが、多分1週間もちません。翌日の朝、「○○君、きれいだね」とみんなの前でも言います。これを時々繰り返し、きれいな状態を経験させます。5分もあればできますから、「5分できれいなロッカー（机）にしよう」などと全員でやってもいいです。

【ここがポイント!】

いずれは直るのがほとんどですから、執拗に厳しく叱る必要はありません。授業や学習に関心がないと整理整頓の意識は低く、いくら指導しても効果は出ません。

第3章

「わけ」を探り、取り組む
～ただ叱っても繰り返すだけ～

大人になるには、親の愛情を土台に、家庭や学校の中で認められたり必要とされたりする体験が欠かせませんが、これらの積み重ねにつまずいている子どもは、その体験を埋めるために非行・問題行動を起こします。

第3章では、教師が取り組むべき、子どものつまずいている「わけ」について取り上げます。

1

「嫌がらせ行為」があったが、やった子がわからない

やった子がわからない場合

例えば、靴や教科書が隠された、机に落書きされた、教科書やノートを破かれたり落書きをされたりするなどの「嫌がらせ行為」で誰がやったのかわからない場合があります。

こういった場合に担任がしてはいけないことがあります。

①このような嫌がらせ行為がなかったかのようにして、学級では言わないという方法をとってはいけません。

言わない理由は、もし嫌がらせを受けた子が学級で少し浮いた存在なら、これをきっかけに同様の行為が続くと考えてしまい躊躇するのです。

あるいは学級がとても良い雰囲気で生活している時なのに、わざわざ伝えて雰囲気をこわしたくないから今回はあえて伝えず様子を見る、などと判断してしまうこともあります。

これは担任にとって起きてほしくないという心理が働き、学級で話題にしたくなかっただけと考えられます。しかし経験上、この種の嫌がらせ行為はなかったことにすればするほどまた起きるものです。

②逆に学級全体で話をして厳しく叱っても効果はあまりありません。叱られている子たちはやはり「僕はやっていないのに」「やった子に言ってよ」と思うのが自然です。こういうことがたびたび続くと、やがて担任への不満が募ったり、「やられた子だって問題あるよ」などとその不満がやられた子に向いてしまったりします。

③当然、情報を集めたりしますから、それらしい怪しい子が浮上するでしょうが、決して「嘘つくな！」とか「信用できない」などと叱ってはいけません。仮に、〝動かぬ証拠〟があったとしても本人が認めない限り、最終的には犯人扱いしてはいけません。もちろんその保護者には、その動かぬ証拠と本人は否定していることの両方を伝えて保護者の判断に任せればいいのです。よほどの子でない限り、証拠があっても否定すれば大丈夫なんだと思う子はいません。白黒をはっきりとつけないと、指導ができないとは限りません。

担任の姿勢をはっきりと示す

特定の子にではなく、いろいろな子に嫌がらせ行為が起きるなら、担任や学級集団への反発であり困らせるのが目的です。これが嫌がらせ行為をした「わけ」です。

この場合は学級全体を叱っても効果はありませんから、あった事実は全体に話し、隠された物をみんなで探す、落書きを消してやる、教科書を見せてやる、などと嫌がらせ行為に応じた手助けをします。できるだけ大勢の人数で手助けするのがコツです。どんなに叱るよりも担任の姿勢をはっきりと示すことになります。やった子の目的は半減しますから、この種の問題は通常は減ります。

なお、同じ子に起きるなら、人間関係のもつれなどの「わけ」があるはずですから、その場合はその「わけ」を探り取り組まなければいけません（↓次項目）。


【ここがポイント!】

やった子がわからない場合とわかった場合の指導・対応は全く違います。わからない場合に学級全体に向かって厳しく叱ってもあまり効果はなく、これを繰り返すとやがて担任への不満が募ります。

「嫌がらせ行為」をよくする子がいる

なぜ、嫌がらせをするのか「わけ」を探る

学級には1人や2人、他人に威圧的な言葉を投げつけたり、暴力を振るったり、他人の文房具を隠したりなどと、何かにつけて「嫌がらせ行為」をする子がいるものです。

そういう時に、あの子は「規範意識が低いからだ」「乱暴な子だからだ」「性格が不真面目だからだ」などとして、何となく「わけ」がわかったような気になってしまいますが、これでわかった気になってはいけません。ただその子の言動を解釈したにすぎません。

これでは「規範意識を高めよう」「乱暴なことをしないことを教えよう」「真面目な性格になってもらおう」などという抽象的な方針しかでてきませんから、効果は全く得られないでしょう。

大切なことは、その子はなぜ「嫌がらせ行為」をするのかという「わけ」を探り、その

「わけ」に取り組む方針を立てることです。

ところで、昨今のいじめ論議の影響で、この「嫌がらせ行為」を「いじめ」と認識することが重要なのではないかと思う人もいるでしょう。

しかし、仮に「いじめ」と認識したところで、「なぜ、そのような威圧的な言葉を投げつけたのか」という問題にいきつきますから、結局は同じことなのです。むしろ、「これはいじめではないだろう」などという判断が生まれることによって、事実上放置されることも起きてしまいますから、この「嫌がらせ行為」を「いじめ」と認識するべきかどうかは重要なことではありません（詳細は第7章）。

どんな「わけ」があるか

例えば、他人に威圧的な言葉を投げつけるという「嫌がらせ行為」で考えてみましょう。10の「嫌がらせ行為」があれば、「わけ」もいろいろですが、そこには共通した「わけ」があります。

威圧的な言葉を使い、「人より上に（強く）なりたい」「目立ちたい」という欲求を満たそうとしているのかもしれません。そうすれば先生にも叱られますが、先生にも相手の子どもにもかかわりますから、「相手にしてほしい」という欲求を満たせます。おそらく家庭に連絡がいき親にも叱られるでしょう。でも、親には相手にしてもらえます。

これらの「人より上に（強く）なりたい」「目立ちたい」「相手にしてほしい」という欲求は一見否定的な欲求に聞こえますが、「人から愛されたい」「見捨てられたくない」「注目されたい」という思春期の子どもが大人になっていく時に必ず経験しなければいけない健全な欲求でもあります。ですから、心理学の世界ではこれらの欲求は「基本的欲求」といわれ、本能として誰もが生まれながらもっているものです。これが満たされないと、どんなに歪んだ方法であっても満たそうとします。それが非行・問題行動なのです。いくら叱っても、多少は抑制されることがあっても繰り返されるのはそのためです。

こうなると、保護者に問題行動を連絡したり厳しい指導をお願いしたりしても難しいでしょう。保護者と子育てを含めた全生活を点検しながら、「わけ」を探らない限り根本的な方針は立てられません。これについては、本章のあちこちで述べることになります。

【ここがポイント！】

非行・問題行動の「わけ」を探り、その「わけ」に取り組むのが生徒指導なのです。「人より上に（強く）なりたい」「目立ちたい」「相手にしてほしい」などという欲求を満たすために起こすのです。

3

服装・頭髪違反の子がいる

服装・頭髪違反をどう考えるか

日本中の中学校のほとんどが、服装と頭髪には厳しい規定を設け、校則として指導しています。

なぜ、服装や頭髪を本人や家庭に任せないのでしょうか。その理由は、学校によって多少の違いはありますが、校則を守ることは社会のルールを守る意識を育てることにつながる、という考え方に基づいています。

また、服装や頭髪を自由にすれば「あれも、自由でいい。これも自由でいいではないか」となり、生徒の規範意識が崩れ学校全体が荒れていくのではないかと恐れるわけです。

その守らせ方になると様々なレベルがあります。何が何でも許さないという学校は、直すまで教室には入れずに登校しても自宅に帰すか、別室で指導をするか、着替えるまで教室には入れません。

そこまで厳しい指導はしないが、たえず指導を繰り返し、定期的に保護者とも相談したりします。いずれにしてもそこにかける労力は少なくありません。

なぜ、子どもにとっては〝見てくれ〟が重要なのか

教師はいろいろな場面で「人は外見ではない、中身が重要だ」と指導しています。それならば見てくれは自由でもいいはずなのに、見てくれを直そうとします。

日本中の少し崩れた子は、どうして服装や頭髪という外見にこだわるのでしょうか。これにこだわらなければ今の自分でなくなるくらい、重要な欲求を満たすためなのです。

思春期には「目立ちたい」「人より上に（強く）なりたい」「注目してほしい」という欲求が強烈になり、時にはこれがバネとなって子どもは成長することを前に述べました。ですから、この欲求自体は健全なものであり、思春期には程度の差はあれ誰もが抱く欲求です。もし、この欲求がなく「僕は誰からも注目されたくない。人より下でいい。だから目立ちたくない」という子なら、きっと成長は難しいでしょう。

そこでその欲求を満たす方法のない子はどうするでしょうか。明日の得意な数学のテストで高得点を取ろう、今度の大会では選手に選ばれ活躍したい、合唱コンクールは歌が大

好きで待ち遠しい、などという子は光らせるものがあります。しかし、何もない子は方法がありませんから、安易にすぐに達成できることを選びます。それが人と違う服装や頭髪の違反です。これならば努力せずにできてしまいます。

ですから、違反のズボンを直させても今度は茶髪にしてきたり、茶髪を直させたらアクセサリーをつけてきたり、などと違反を繰り返すだけです。いくら叱っても欲求を満たすまで続くでしょう。

学校や家庭の中に、「注目される」「相手にされる」などという体験がなければいけませんから、家庭生活での様子や親子のかかわり合いなどのあり方が問われます。当然、学校にもその子が活躍したり仲間から認められたりする場があるかが重要です。

つまり、服装や頭髪を違反する「わけ」を探らなければなりません。

【ここがポイント!】

一部の子どもは服装や頭髪などの〝見てくれ〟にこだわります。これをただ厳しく指導しても、繰り返すだけです。こだわるのには深い理由があります。生徒指導はこの「わけ」を指導することが大事なのです。

授業中に保健室やトイレに頻繁に行きたがる

「わけ」は様々

頻繁に行きたがるといっても、以下の①〜⑦のようないろいろなパターンを経て数週間ときには数カ月かけて頻繁になっていくことが多いですから、教師も根負けしてしまうことがあります。

①時間をかけてだらだらと教室からトイレを行き来する。
②わざわざ遠回りしてトイレに行き、しばらく戻ってこない。
③体調不良を訴えて保健室に行くが、元気なのですぐ戻される。
④トイレに行った後、勝手に保健室に立ち寄り時間をつぶす。
⑤保健室に休み時間のうちに行き、教師が連れに行くまで戻らない。
⑥だんだんと保健室に長時間いて、出歩くこともある。

⑦校内の徘徊を伴うことがある（次項目）。

しかも、トイレや保健室に行かせてと言われると頭ごなしにダメですとは言えません。本当のこともあるからです。

通常、最初の数回は教師に注意されたり、叱られたりすれば繰り返すことはありません。小学校高学年から中学生くらいになれば、「やはり、そうだよな」と納得するのが普通だからです。ですから、①②③は見逃さずに注意すれば終わります。

ここから④以上に悪化させないのがコツです。④からは必ず「わけ」があり、⑥や⑦になるほど深い「わけ」があります。

④以上は「わけ」を探らなければいけません。しかし、どんなに厳しく叱っても「わけ」にたどりつくことはありません。

私が経験してきたものには、次のような「わけ」が多かったです。

一番多かったのは、（A）極端な低学力で授業についていけないケースです。（B）ある程度の学力はあるが、コツコツと努力することが苦手で、卒業後の希望も目標もないケースが多いです。（C）授業に出ないことを「俺は人より上だ！」と思い込み、一目置かれた存在だと勘違いしているケースがあり、荒れた生徒はほとんどこれに該当します。

よく観る、よく聞く

前述の（A）（B）（C）はいずれも厄介で頻繁になった場合は、かなり長期になると覚悟しなければなりません。いずれも「わけ」は難問です。ですから、①②③の段階で終わらせたいのですが、その子がいったい①〜⑦のどの段階なのかは、教師間で情報が共有されていないとわかりませんから、案外と見逃してしまうものです。

特に担任や生徒指導の担当者は、本人の様子をよく観る、本人から「なぜ、そうするのか」をよく聞くことです。これを繰り返さないと「わけ」を知ることは不可能です。（A）と（B）ならば学習支援をしなければ、放っておいても好転しません。また、（C）ならば次項の5で述べていますが、人より上になりたいという欲求を満たす場が家庭や学校になくては好転することはありません。

【ここがポイント！】

「わけ」を知るためには、本人の言動をよく観たり、本人からよく聞いたりして探ります。荒れた生徒は、人のできないことをやって「人より上になりたい」という欲求を満たそうとしているのです。

徘徊する子が出始めた

徘徊は今も生徒指導の大問題の一つ

前項「4」の⑥や⑦の段階から、いわゆる「校内徘徊」が始まります。ある日突然、校内の徘徊が始まるわけではありません。

かつての校内暴力期（1970年代末期から80年代半ば）には最も教師を悩ませた問題でした。整然とした徘徊などというのはありませんから、注意した教師への暴力や授業妨害が頻発しました。

今ではかなり少なくなったとはいえ、学校が荒れる時は徘徊から荒れていくことが多く、もし徘徊する子がいたら荒れていく前兆かもしれないと思わなければいけません。

したがって、少なくとも該当の学年の教師と生徒指導部が、最優先する課題として取り組む必要があります。

学級や学校に活躍する場面があるか

もちろん「徘徊はだめだ！」などと叱ってもほぼ効果はありませんが、その真似をしようとする子どもには効果がありますから、ただちに保護者と連絡をとり対応します。しかし、その場合であっても、なぜ徘徊するのかという「わけ」を探らなければ一時的な効果しか期待できません。

既に述べたように、「人より上に（強く）なりたい」「目立ちたい」「相手にしてほしい」などという欲求を満たそうとして徘徊するのですから、叱っても道徳的説教をしても効果はありません。

それよりもその子が学級や学校に活躍する場面があるかどうかです。〝活躍〟というと華々しい場面を思い浮かべがちですが、経験上必ずしもそうではありません。例えば、絵のうまい子が合唱コンクールの楽譜の表紙を描いた、足の速い子が中心になってクラス対抗リレーの作戦を立てた、掲示係が掲示物を見やすく工夫して貼っている、黒板がいつもきれいなので板書も見やすく、授業の先生も気持ちがいいと言っている……など。

こういう些細なことでよいですから、認める機会をたくさんつくることです。教師からの評価だけでなく、他の子どもたちからの評価も効果があります。評価なしには子どもたちは、自分では認められたのかどうかがわからないからです。そもそも自分の長所とか短所は、他人の評価によって知っていくものです。評価するとは認めることです。

こうして他人の評価を積み重ねることによって、「僕はクラスで役に立っているんだ」とか、「私は学級で必要とされているようだ」などという感覚が育ちます。つまり、人の本能的欲求だと言われている「人の役に立ちたい」「人から必要とされたい」という欲求が満たされることにつながります。

こうなると歪んだ形で「人より強くなりたい」「目立ちたい」などという欲求を満たす必要がなくなります。実は学級経営では、この本能的欲求を満たすことが重要な柱になります。また、生徒指導の柱でもあるのです。

厳しい規律の指導に頼っても、一時的な効果しかなく、根本的な「わけ」に取り組まなければいけません。

【ここがポイント！】

校内徘徊は学校全体の荒れに発展しますから、見逃さずに取り組まなければいけません。しかし、それを規律指導の問題と捉えるのではなく、学級や学校に活躍できる場面をつくる問題と捉えます。

アメ・お菓子類を持ち込み食べる

様々な問題を同じ比重で扱わない

学校生活では子どもたちは様々な問題を起こします。このアメ・お菓子類の持ち込みもそうです。

しかし、暴力・いじめ・授業妨害などと同列に〝あってはいけないこと〟〝許されない言動〟などとして、この問題を扱う必要はありません。教師側からすると、他人に危害を加える問題ではなくても、やがて規範意識の崩れにつながり学校の荒廃につながるから、見逃してはいけないと思う気持ちはわからなくはありません。

ところが、あってはいけないこと、許されない言動として全力をあげて取り組むことは、時間的にも不可能なのが現実です。学校生活で起きる様々な問題を同じ比重で取り組むことはできませんから、比重の高いものから低いものに分けて指導します。

①ゼロを目標に最優先して取り組む。他人に直接危害を与える問題。暴力、いじめ、授業妨害、悪質な嫌がらせ行為など。

②少しでも減れば良いという目標で取り組む。本項のアメ・お菓子類の持ち込み、私語（↓第6章の3）、忘れ物（↓第2章の7）など。

③心構え程度に呼びかけ、時間をかけた取り組みはしない。ただし、常に教師が手本や減らすための行動を示す。ゴミの投げ捨て（↓第6章の2）、不要物の持ち込み、教室内の整理整頓（↓第2章の8）、本項のアメ・お菓子類の持ち込みなど。

ところで、次のようなことはあってはいけないことです。子どもたちや保護者が「あの学校（先生）は些細なことにうるさく厳しいのに、いじめや嫌がらせ行為などにはきちんと取り組んでくれない」と不信感を抱くことです。いったん不信感が広がると、その後の生徒指導はうまくいかなくなるでしょう。そのためにも比重のかけ方が大切なのです。

「わけ」は「友達・仲間づくり」

アメ・お菓子類の持ち込みは、少しでも減れば良いという目標で取り組めばいいと述べましたが、この問題を軽視しているわけではなく、ゼロにすることは無理だからです。いくらしつこく厳しく叱ってもゼロになることはありません。

やはりこの問題にも「わけ」があるからです。子どもたちはアメ・お菓子類をなぜ学校に持ち込むのでしょうか。

今どき、空腹をいやすために腹の足しにする子はまずいません。本章の「4」でも言いましたが、「よく観る、よく聞く」ことです。私の経験では大半が「仲間づくり」です。アメ・お菓子類などを友達に配り、禁止事項を破ることを共有して仲間意識をつくるのです。同時に友達をつくる手段でもあります。ですから、これは大人社会でもよくある普通のことであって、決してやましい「わけ」ではありません。また、誰にも迷惑をかけていないと思っていますから、食べることに罪の意識は全くありません。

校則違反などと取り締まっても、配る本人の心に響くものはありません。したがって、この「わけ」に取り組みます。正しい友達関係のあり方を話すことです。とても時間がかかるものです。

【ここがポイント！】

学校生活上の諸問題を同じ比重で扱ってはいけません。ゼロを目標にするものから、呼びかける程度のものまであります。アメ・お菓子類を持ち込み食べるのは、仲間をつくるためです。

朝の遅刻の多い子がいる

遅刻の「わけ」を探る

校内で起こす問題と違って、遅刻が多い子への指導は案外難しいものです。その子の家庭での習慣や保護者の状況・考え方などに大きく影響を受けることが多いからです。

頻繁に遅刻をする子には、はっきりとした「わけ」があります。

①家庭生活の乱れで、学校に間に合うように家を出ていない。

②保護者は朝早く仕事に出かけるため全く知らなかった。

③友達と待ち合わせるため、どっちかが遅れると両方とも遅れる。

さて、①の家庭生活の乱れとは例えば深夜までゲームに夢中だったとか、布団の中で遅くまでＳＮＳをやっていたなどの場合で、一番多いケースです。荒れている生徒の場合は深夜徘徊ということになります。

②と③は保護者も知らなかったという場合が多いですから、やはり遅刻が続いたら保護者との相談は不可欠です。

③は仲のいい友達同士なので、先に行ってしまうことができずに遅刻してしまう、という今どきの人間関係を反映した「わけ」です。

この①〜③に取り組んでいくと、家庭や親子、人間関係のあり方にいきつき、遅刻にも案外深い「わけ」があって、簡単にはなくならないのです。

「わけ」を探る過程が大切

ところで、本章では何度も「わけ」を探ることを強調していますが、では「わけ」がわかったら問題は解決するのかというと、必ずしも解決するわけではありません。むしろ、「わけ」を探る過程が大切なのです。

「わけ」を探るためには、教師は「よく観る、よく聞く」ことをしなければいけませんが、このことに重要な意味があるのです。よく観てよく聞くことによって、子どもは注目されている、見捨てられていないという感情をもちます。この感情が土台になって「認められる」「必要とされている」「誰かの役に立っている」という欲求の充足につながっていくからです。この欲求の充足を積み重ねる体験がない限り、子どもは自立した大人になっていくことはできません。

「私はそんな体験をしていないのに、そこそこの大人になった」と思う教師がいるでしょうが、それは明確な自覚がなかっただけです。きっと家庭環境に恵まれて親にも愛され、見捨てられていないという感情が育まれ、学校でも勉強や部活で活躍の場があり、その結果、順調に思春期を乗り越えたと思われます。

よく観てよく聞くことによって、なぜこのような体験や欲求の充足が欠けているのかを知ることができます。

すると、家庭のあり方や学校での本人の居場所の確保などという根本的な問題が浮き彫りになってきます。

こうして、問題はさらに具体的になってきますが、家庭のあり方や親子関係などは簡単には解決できません。それでも、よく観てよく聞くことが大切です。


【ここがポイント!】

「よく観る、よく聞く」ことによって、子どもは欲求が充足されることがあります。また、家庭のあり方や親子関係などの問題が浮き彫りになってきます。

授業に頻繁に遅れてくる子がいる

継続的に把握し、よく観てよく聞く

授業中にトイレや保健室に行くことによって、「校内徘徊」や「授業エスケープ（離脱）」に発展しますが、頻繁に授業に遅れてくる子がやがて徘徊に発展していく場合もあります。したがって、継続的に把握し見逃さない体制がないといけません。

例えば、遅れはするが必ず戻るから「大丈夫だろう」とか「注意をすれば頻繁にはしないから様子を見よう」などと、根拠なしに楽観していてはいけません。継続的に把握し毎回指導します。

しかし、この場合もただ厳しく叱るだけでは効果はありません。

ここでも「よく観る、よく聞く」ことが重要です。例えば、A君が頻繁に遅刻してくるなら、教科担任は授業を続け、他の教師がA君の遅刻の「わけ」を探るために、休み時間からよく観察をします。

①いつも仲のいい友達と休み時間も一緒にいるため、必ずしも自分の教室の近くにいるとは限らないので、チャイムが鳴っても間に合わない場所にいたり、時にはチャイムの聞こえにくい場所にいたりする。

②人間関係に何らかのいざこざやもめ事があって、休み時間の学級に戻りにくい。顔を会わせないようにするため、チャイムが鳴るまで教室に入らない。

「わけ」に取り組む

①は遅刻しないためには、チャイムの聞こえにくい場所まで行かないとか、早めに行動するとかすれば、簡単に解決できることなのですが、これがとても難しいのです。なぜなら、根底には1人でいることへの強い不安感があるからです。

一時、「便所飯」という言葉が話題になりました。大学生などが文字通り便所で昼食をとることをいうのですが、1人で食べているのを見られると友達がいないと思われるため、見つからないように食べるわけです。つまり、1人で食べることに不安をもつのです。

この便所飯の心理は休み時間に1人でいられない心理と同じです。常に気の合う友達と群がっていないと不安なのです。ですから、とても難しいと言わざるを得ません。

②はこじれた人間関係が根底にあり、自分たちではもはや修復できないところまできていると考えられますから、一緒に解きほぐす援助をします。双方からよく聞き、どうしたいのか、どうすればいいと思うか、一緒に考えます。
もし、修復が難しいと片方の子が思うならば、無理して仲良くする必要はありません。大人社会では普通にあることです。特別親しくはないが攻撃したり不快感を与えたりもしないという間柄です。
①も②も、人間関係をもっと広げることよってしか解決できません。そのためには、学校や学級に活動がなければいけません。
学級活動、係活動、行事、部活動などの活動の中で子どもたちは、いざこざやもめ事を経験し、他人を認めたり、自分が認められたりして人間関係が豊かになります。活動のない学校や学級では健全な人間関係や友達関係が育まれることはありません。

【ここがポイント！】

授業に頻繁に遅れてくるのを見逃してはいけません。「校内徘徊」に発展する場合も少なくありません。「よく観る」と「わけ」が具体的であることがわかりますから、次に「よく聞く」ことです。

9

特定の子を大勢で忌み嫌う

嫌う理由は誰も知らない？

長い教師生活の中で次のような子がいました。人数は多くはありませんでしたが、その対象にされた子はたまったものではありません。

・その子との机は隙間を空ける。
・掃除の時にその子の机を下げたがらない。
・その子が通るだけで、汚い物に触れるかのような動作をする。
・行事などで班をつくると、仲間に入れてもらえない。
・その子が触れたプリントは他の子に渡して受け取らない。

まだまだありますが、こういった行為がその子に全て集中するのですから酷い話です。ところが、大半の者は嫌う理由を知らないことがほとんどです。実際に問い詰めてみても、「みんながしているから、自分もそうしているだけ。そうしないとあの子の味方と思われるので」と言います。つまり、主体的な判断ではなく同調圧力だけで行動しています。

何年も前から行われ、他の学級にまで広がっていることが多く、もはや誰から始まったのか、何か根拠はあるのか、などと詮索してもわかるものではありません。

こういった理不尽な行為はなくすことを最優先に取り組みます。

ただし、例えばプリントを受け取らなかった子を叱ったり、個別に対応したりしていたのでは際限がありません。

学級全体の雰囲気を変えることです。

担任が給食を一緒に食べる

担任がそのような理不尽な行為は「許さない」という姿勢を示すには、必ずしも厳しく叱るのではなく、「この子は汚くも何ともないよ」ということを身をもって示すことです。

私がよく使った手法は、給食や野外活動の弁当で「あっ、うまそうだね。1個食べさせて！」などと言って全員の前でおいしそうに食べます。給食の時間はあえてその子の隣で食べます。

なぜ、このようなことをするのかというと、学級全体に「汚くも何ともないよ」「先生は、この子の味方です」などというメッセージを送っているのです。そうすると、担任を支持している生徒は「あの先生が味方になっている子に酷いことはできない」となります。担任に異を唱えることになりますから、少なくとも公然とは忌み嫌うことはできません。

こういう手法を「加害者には何ら反省をさせていないし、担任に嫌われたくないことを利用するなんて邪道だ」と思う人もいるでしょう。しかし、人の行動というのは、元々このようなしがらみのようなものに大きく影響されるのが普通で、好きな先生や尊敬する先生の授業は好きになるのと同じ原理です。

こうして、まず担任と強い信頼関係のある子たちから、このような理不尽な行為をなくさせます。次に、その友達にも広げていきます。すると、同調圧力はかなり弱まり被害を受けている子は少し楽になります。

また、1人でもいいから学級に味方がいると逃げ場になりますから、正義感の強い子などに味方になるように頼むのも一つの方法です。

【ここがポイント!】

大勢で特定の子を忌み嫌い、理不尽な行為が繰り返される場合があります。厳しく叱ったり説教したりするよりも、学級の全員が目に見えるように教師が行動で示すことです。

女子が閉鎖的なグループをつくる

閉鎖的なグループとは？

女子は数人でグループをつくることがよくあります。数人の仲のいいグループをつくることは悪いことではありません。むしろ、この時期には必要なことです。

既に本章で何度も、子どもは「人より上に（強く）なりたい」「人より目立ちたい」「人に認められたい」「人から必要とされたい」などという欲求を満たそうとして問題を起こすと述べてきましたが、これらの欲求は1人では満たすことは不可能です。相手がいないと満たせないことだからです。

ところが、次のような閉鎖的傾向を示す場合は問題があります。

・休み時間も移動教室も何をするにもべったりと行動する。トイレなどにも一緒に行く。
・グループ以外の子とはほとんどかかわりをもたない。

・ひそひそ話をしたり、また自分たちしかわからない特有の言葉（隠語）を使ったりするため、グループ以外の子は会話に入れない。

これでは豊かな人間関係は失われ、グループ内に固定化されてしまい、多様な人間関係がなくなります。すると、ある人には認められなくても、ある人には認められるという機会は乏しくなります。

このような閉鎖的なグループに対して、「いけません」と叱っても、「こうあるべきです」と厳しく説教しても、グループの反発を買うだけでいっそう排他的で閉鎖的なグループにしてしまうだけです。

活動をつくり活躍させる

排他的で閉鎖的であることはいっさい批判せずに、むしろ認める評価をします。「君たちはとても仲がよくていいね」「まとまりもあって団結心もありそうだ」「君たちが中心になって何かに取り組めばいいものができるね」などと褒めます。

そして学級の活動で活躍させるのです。活躍までいかなくても、任せられた仕事をやりきれば担任も評価し、他の子たちからも認められます。

例えば、そのグループの好きなことや得意なことを活動にしてしまうのです。私の場合は、ファッションに強く興味のある子たちを「ファッション係」にして、いま流行のものを教室の後ろに絵や写真を掲示したところ、みんなが注目したため、そのグループの子たちの閉鎖性は薄らいでいきました。

しかし、好きなことも得意なこともなかったらどうするのでしょうか。絶対にやれることをやらせればいいのです。合唱コンクールの練習で「並ばせる係」、本番の舞台に見立てた練習用の「舞台をつくる係」（教室の机と椅子で）、練習中の合唱の出来ばえを研究するために、歌の「録音をする係」、などと絶対にやれる活動をつくってさせます。

そして評価するのです。例えば、「並ばせる係が役割を果たしたから、能率よく練習できたのです」と。

活動がなければ、子ども同士のかかわりも生まれませんから、認めたり認められたりする体験も生まれず、閉鎖的なグループはいつまでも開放的になることはないでしょう。

【ここがポイント！】

仲良しグループは悪いことではありませんが、他人を寄せつけないような閉鎖的なグループは問題があります。他の子どもたちから認められる場面をつくると、閉鎖性は薄らいでいきます。

たえず「トラブル」が起きる学級

「トラブル」と「嫌がらせ行為」を区別する

担任や学校側が「いじめではなく、ただのトラブルだと思った」と判断し、適切な指導をしなかったために、被害者が死を選ぶ「いじめ自殺事件」がとても多いことをご存じでしょうか。ところが、実際に起きたことはトラブルではなく、嫌がらせ行為であったりします（ただし、この嫌がらせ行為を「いじめ」と判断すべきかどうかは、別の問題のため第7章を参照してください）。

教師は、この「トラブル」と「嫌がらせ行為」を正確に区別できなければいけません。「嫌がらせ行為」は、文字通り相手に一方的に嫌がらせをする行為であり認められません（→本章の1と2）。それに対して、思春期の子ども同士の間で起きる「もめ事」「けんか」「いざこざ」「軋轢（あつれき）」などはトラブルといいます。

「トラブル」というのは双方向的であり、思春期には誰でも経験することでもあり、この経験が相手の気持ちを理解し対人関係を学ぶことにもなります。もし、このトラブルが「嫌がらせ行為」や「いじめ」とみなして認められない行為とするなら、もはや子ども同士のかかわり自体をなくさなければいけなくなります。したがって、「嫌がらせ行為」は認められない行為として指導し、減らすことを目標としますが、「トラブル」は解決する中で人間関係のあり方を学んでいくことを目標として指導します。叱っても意味がないのです。この二つは根本的に指導内容も目標も違うことがわかります。

もつれた糸を解きほぐしながら解決する

では、「トラブル」はどのようにして解決していけばいいのでしょうか。それはちょうどもつれてしまった糸を解きほぐすような作業です。

①まず、双方でどんなトラブル（もめ事、けんか、いざこざなど）が起きているのか、その事実を確かめます。

②それぞれから聞いた後に、再度その事実を双方に確かめますが、この段階で一致する例はほとんどありません。糸がもつれていますから簡単には一致しません。数カ月前に遡って時系列で確かめます。

③この②を何度か繰り返すとおおかたの事実関係がわかってきます。必ず「わけ」があります。例えば、いずれかの「勘違い」「誤解」「過度な反応」などがきっかけでトラブルに発展しています。

④できるだけ③は指導過程で本人が気づくようにしたいのですが、全く気づくことがなく相手が悪いと主張するなら、まだ双方は会わせられません。例えば、「そこで君が勘違いしたんだよ。相手はそんなつもりで言ってないですよ」などと話します。

⑤双方がわかり合えると判断したら会わせます。たいがいは相手も「僕も言い方がまずかったと思う」などというと仲直りできます。

⑥保護者への連絡をして、その後の様子を見守り確かめをします。

ここまででどれくらいを要するかというと、単純なトラブルでも放課後の数時間、複雑なものだと2、3日かかります。ただし、丁寧な指導をしていけば学年が上がるにつれて激減していきます。

【ここがポイント！】

トラブルを「嫌がらせ行為」や「いじめ」と混同してはいけません。もつれた糸を解きほぐすように、双方から事情を聞いてトラブルに発展したわけに気づかせます。

かなり低学力の子がいる

かつての〝低学力〟生の今

教師は子どもたちに学力をつけるのが重要な仕事の一つです。そのためどうしても学力の高い子はいい子、低学力の子は問題のある子と捉えがちになるのは私も含めて、特に若い頃にはそうでした。

私が教えてきた子たちの中には、いわゆる低学力の子はたくさんいました。その子たちがその後どんな人生を歩んだかは、むろん全てを知りません。

しかし、少なくとも勉強ができたからといって幸せになっているわけではなく、不幸な人生を歩んでいる子もいます。勉強はまるっきりだめでしたが、幸せな人生を送っている子もいます。

こんなことは教師なら誰もがわかっています。わかっていても、勉強のできる子は学級で生き生きとしている、勉強のできる子は担任からも他の子どもたちからも認められる、勉強のできる子は行事などで活躍する、こういう学級経営になりがちではないでしょうか。

勉強では活躍できなくても、学級活動や行事や部活動で活躍できる場面をつくるのも重要な仕事の一つです。

以上のことを確認した上で、低学力の対策を考えましょう。

「魚を与えるのではなく、魚の釣り方を教えよ」

保護者から「先生、勉強するように叱ってください！」と何度頼まれたかわかりません。叱っても効果は1日か2日です。

得意ではない箇所を教えるのはどうでしょうか。そうなると低学力の子は全教科全分野を教えなければいけませんから、とても不可能なことです。

有名な言葉の「魚を与えるのではなく、魚の釣り方を教えよ」です。

「勉強のやり方」を教えますが、細かな段階を踏む必要があります。
①最初は理解の段階を診断しますので放課後に見ます。例えば、数学ならば中学1年の文字式の計算から、英語なら中学1年の単語からやり直す必要があるなどと本人に伝えます。その上で、学習時間の確保をするために保護者の協力を求めます。

②できれば1カ月くらいは前日の学習状況を確認して、勉強の仕方を教えます。「この問題ができていないから、こういう問題ができるようになるまで何題もやりなさい。できるようになったら、次に進みます」「英語の単語は見ないで、スペルと発音と意味を3つセットですらすらできるまで練習しなさい。だんだんと覚えるのが早くなります」「ただ問題をやって○×をつけてもだめです」などと具体的に教えます。

③家庭学習が数カ月続くようであれば、本人のわかりたいという意欲は本物ですから、今度は問題集などを選んで取り組ませます。自学自習の基本です。

私は現職時代にはこういう子を数人集めて教えましたが、私も子どもも放課後は忙しく面倒をみている時間がないので、定期的に対象の子どもたちの家庭に全員集めて勉強の仕方を教えました。とても能率的でした。

【ここがポイント!】

どうしても学習が苦手という子がいますが、こういう子どもをやっかいな子として扱わないことです。勉強のやり方を細かく段階を踏みながら教えます。

13

「不公平だ」と不満をよく言う子がいる

「わけ」によっては、叱り方が違う

いつの時代も子どもは不公平に扱われることを嫌います。小学校で「学級崩壊」を経験してきた子どもたちは、口々に「担任はひいきする先生だった」と言います。つまり「平等に扱われたい」ということです。

ただし、実際は子どもがそう勝手に決めつけている場合が多く、事実とは限りません。しかし、子どもたちに不公平感を抱かせたことは事実ですから、不公平感を抱かれないような指導方法が必要です。

私のクラスにこういう子がいました。週に2回くらいは遅刻をしてくる子がいて、よくある寝坊だろうと思って「もう少し早く家を出なさい」と叱っていました。ある時、親が病気がちのため妹を保育園に預けてから登校するので、どんなに急いでも登校はギリギリになることを知りました。

それ以来、この子の遅刻は叱ったり注意したりするのがしにくくなり、他の子が遅刻した時と叱り方のトーンが違ってしまったようです。その違いを見抜いた子たちからは「あの子には厳しく言わないのに、私には厳しい。不公平だ」と言われることになりました。

事前に時間をかけて説明する

そこで私は不公平感を抱かれないような指導をするために、事前に普段から次のような話をして、「叱り方は違って当然だ」と宣言することにしました。

「わけによっては叱り方が違う」

例えば、先の妹を保育園に預けてから来るため遅刻する場合と、単なる寝坊が理由で遅刻する場合は、叱り方が違うのは当たり前です。

「代表者注意」

私語が多かったら「A君、B君、C君、D君……」などと注意していられませんから、代表で「A君、静かに！」と言うのです。「僕だけを」と思わないでください。

「間引き注意」

毎日、私語に興じている子がいたとします。毎日、厳しく叱っても効果はありませんんから、時には軽く注意したり、「今日は私語が少なかったね」と褒めます。他の子は「僕は厳しく叱られたのに不公平だ」と思うでしょう。そこで「全部を叱ったり注意したりしているると、憂鬱になりますから間引きをしているのです」などと説明しておきます。

「バランス注意」

滅多に遅刻することのない子の遅刻と、いつも遅刻して来る子の遅刻の叱り方はやはり違います。滅多に遅刻しない子がたまたま遅刻したのに、いつも遅刻して来る子と同様なレベルで厳しく叱られたのでは、不公平だと感じるはずです。そこでバランスをとって注意します。

以上は、教師側の裁量で決まってしまう一面があり、不明瞭なところもありますが、一律に機械的に叱ることが公平だとは限りません。これらの叱り方は、子どもたちは案外と受け入れてくれます。

【ここがポイント!】

叱り方の違いから子どもたちは不公平感を抱くことがあります。不公平感を抱かせると生徒指導はうまくいきません。「叱り方は違って当然だ」と普段からきちんと説明しておきます。

第4章

叱らずに叱る
～叱る以上の効果がある～

叱っても効果が続かず、叱ることに疲れてしまうような時や、些細なことで叱ったり注意したりしなければいけないような時に使ってみてください。

1回や2回では効果はありませんから、できるだけ楽しみながら気長に取り組んでみましょう。

第4章では、叱る以上の効果をあげる叱らない「叱り方」を紹介します。

根も葉もないのに褒める

根拠なしに褒める?

根拠なしに叱ってはいけませんが、根拠がなくても褒めるのは構いません。根拠がないと言って怒る子はいないでしょう。

例えば、授業中の私語に悩まされますが、注意したり厳しく叱ったりいろいろやってもうまくいかないなら、褒めてみるのです。

ざわついた授業でとても褒められたものではなくても、「いやぁ、今日はきちんと聞いている人が多く素晴らしかったですね。次回もこの調子でいこう」などと褒めるのです。

もちろん、私語をしていた子どもはあっけにとられます。「いつもと同じく私語が多いのにこれでいいとは、おかしいな?」と。しかし、同時にこうも思うでしょう。「待てよ、しゃべっていたのは僕たちだけで、他の子はみなきちんと聞いていたのかも」と。

そして次の授業の最初には「前回は私語も少なく良かったね。今日もしっかりやろう」などと褒めて開始します。授業中にもう1回少々うるさくても、ダメ押しで「いいね。いいね」と褒めます（↓私語そのものの対策などは第6章の3）。

「期待に応えたい」「ダメな人だと思われたくない」

さて、どうしてこんなことで効果があるのでしょうか。それは人には褒められたり関心をもたれたりすると、「期待に応えたい」「ダメな人だと思われたくない」という心理がはたらくからです（心理学でいう「ホーソン効果」の一種）。

掃除が汚いと、ついついもっときれいにやりなさいと愚痴を言ってしまいますが、「前の学校の生徒と比べたら素晴らしいよ。いい学校にきたものだ」「去年のクラスより上手だよ」などと褒めます。

遅刻の多い子にも、注意した後にこう言います。「○○君は明日からはきっと遅刻しませんよ。まずいなあという顔つきをしてるから。直らない子はね、注意されても平然としているものですよ」。大幅に遅れて来た子には「明日は遅刻しないか、少し遅れるくらいで登校しますよ」などと言います。

担任は関心を示すことです。しかも、どうせダメだろうという関心ではなく、きっとよくなるだろうという前向きの関心を示すことです。すると、子どもは「期待に応えなければ」「ダメなやつだと思われないようにしよう」と思うのです。

ただしどんな方法もそうですが、万能なものはありませんからあの手この手でやってみるのです。

この方法を使ってはいけない場合がありますから要注意です。何の効果もないのに褒めてばかりいたのでは「あの先生は頼りにならない。こんなに私語が多くてうるさいのに何も感じていないのか」と不信感をもたれます。

また、被害者のいる問題や緊急性のある重要な問題にもこの方法は使ってはいけません。頼りにならない教師とみなされます。

【ここがポイント!】

根拠がなくても、子どもは〝褒められた〟と思うと次からは「期待に応えたい」「ダメな人だと思われたくない」という心理がはたらき、うまくいくことがあります。

2

いい時の本人をもちだす

何度も繰り返して困らせる子ども

一般的にどんな悪さをする子でも、登校してから帰宅するまで悪さをしているわけではありません。むしろ、悪さをしていない時間のほうが圧倒的に多いはずです。

何度叱っても効き目がなく、何度でも同じことを繰り返す子どもがいます。そういう子たちに使うのがこの手法です。

例えば、同級生に嫌がる言動をとったりした場合に当然厳しく叱るのも一つの方法ですが、「昨日の君ならば、仲良く遊んでいて、偉かったのになあ」と、いい時の本人をもちだします。私語の多い子にも、「○○の授業では熱心にやっていると聞いているが、僕の授業は聞いてくれないのか。残念だな」などと言います。

子どもは他人と比較して、「A君はそんなことはしないのに、何で君はそんなことをするのかなあ。A君を見習いなさいよ」などと叱られることには反発しますから、他人との比較はしない方法です。

ところで、直接の被害者がいたり周囲に見ている子がいたりした場合は、まず教師の考えをはっきりと示すことが必要です。きちんとまず叱ってから、この方法を使います。そうしないと、被害者や周囲の者は「あの先生は悪いことをやっても叱らない。頼りにならない」と思います。

この方法を使うためには、担任は普段から、子どもたちをよく観てダメな中にもわずかなプラス面を見つけておくことです。ここでも「よく観る」（第3章の4、6、7、8など）ことが必要です。

いい時の本人が見つからなかったら？

そうは言っても、認めるもの・褒めるものがない子はどうするのか、という人がいるかもしれません。全くない子などいませんが、1日中見てるわけではないですから、見つからない子はいます。そういう子には、誰にでもできることをさせて褒めます。

例えば、「今日は先生ね、腰が痛くてダメなんだ。これを教室に運んでくれないか」と頼みます。ウソも方便です。終わったら本人に、できるだけ全員の前で「やあ、○○君に会って助かった。今日は腰が痛くてね」とお礼を言います。同じ手を使っては白々しいから、違う日には授業の帰りに教室に寄り「○○君、この間のように教室に運んでくれる?」と頼みます。

教師は子どもに具体的なことをさせて、褒めたり認めたりするのです。そう考えると、いくらでもかかわりはつくれることがわかります。褒めることをさせて褒めるのですから、このようなかかわりを普段たくさんつくっておくと、子どもを叱る時にこの手法が使えます。何度も繰り返す子というのは何人もいませんから、難しいことではありません。

指導とはそういう〝演技〟の積み重ねではないでしょうか。そもそも褒めるという行為は、その大半が子どもの言動を額面以上に大きくして褒めます。感謝する言葉もそうです。教師は時には〝演技者〟でなければいけないと言われることがありますが、演技とはウソであり虚構のものをリアルであるかのように演じることなのですから、教育と〝ウソ〟は相容れないものではありません。

【ここがポイント!】

悪さをしても直接的に叱るのではなく、いい時の本人をもちだして間接的に叱る方法です。いい時の本人が見つからないなら、何かをさせて褒めればいいのです。

3

遊びにして楽しく取り組む

小さな破損行為が続く

中学校教師なら誰もが経験していることに、大きく激しい破損行為（↓第5章の3）ではないが、教室の掃除用具の破損、水飲み場やトイレのいたずら、机や壁などへの落書き、スイッチの破損、などがあります。

いずれも、一つひとつはそれほど悪意がなかったり、ちょっとしたいたずらであったり、中にはついうっかりというケースもあるはずです。

大きく激しい破損行為とは違って、重大な問題行動ではないだけについつい重大視せず、教師側で直してしまい終了させてしまうことがあります。

しかし、こういうことが積み重なると退廃的な雰囲気が蔓延し、大きな破損行為に発展したり、やがてまじめなことを侮蔑したりする風潮につながっていきますから、軽視してはいけません。

ところが、破損行為というのは人のいない場所や時間帯に実行された場合は、ほとんど誰がやったかわからないのが普通です。そのため、相当な時間をかけて調べても誰がやったかわかることはあまりありません。もし名乗り出るようであれば、その子は反省していますから間違いなく一過性で終わるでしょう。

「わけ」はいろいろですが、主として学級への不満や担任への反抗が考えられます。そのため学級に居場所ができるか、担任との人間関係がよくならないと破損行為は続くおそれがありますから、意外と根が深くやっかいなのです。

ところで、どうして不満や反抗が破損行為になってしまうのでしょうか。それは壊れた公共物を見つけた教師が、困っているのを見て一種のうさ晴らしをしているのです。

遊びにしてしまう

そこで「困る」のではなく「楽しむ」のです。そうすれば破損行為をした子は目的を達成できなくなってしまいます。

「学年修理隊」「○組すぐ直す係」などを募集して、修理の専門部隊を組織します。勉強はできないが、修理は大好きという子もいました。

最初は数人でスタートさせて、徐々に人数を増やします。できるだけひそかにやったりせずに、休み時間や放課後のまだ人が大勢いる間にやることがコツです。

しかも、教師と修理隊がわいわいとできるだけ楽しそうに修理するのがコツです。廊下を通りかかる子や友達に「おもしろいよ、手伝っていきな」などと誘います。特に壁のペンキ塗りは人気がありました。時には、やったと思われる子が誘われることもあり、バツの悪そうな顔をしています。

さて、楽しそうにやると破損行為をした子は「何だ、これは? おもしろそうにやってるよ。困ってないじゃないか」と思うでしょう。ただし、個人の悪口を書いた落書きや中傷した落書きは、人権問題ですから教師側で即刻消すのがいいでしょう。また、校舎の壁の大きな落書きなどの激しい破損行為や、意図的にガラスが割られるなどの破損行為にはこの手法は適しません。

【ここがポイント!】

小さな破損行為でも繰り返されると放置できません。破損行為の心理に教師を困らせるというのがありますから、教師と生徒の「修理隊」を組織して、大々的に楽しんで修理します。

4

休み時間に禁止のトランプで遊んでいる

必ずしも悪ではない

もし、学習に関係のない不要物は持ってきてはいけないというルールにしている学校ならば、当然のように指導の対象になるでしょうが、芥川龍之介の小説だったらみなさんはどうしますか？

おそらく、その小説は黙認するか許可するでしょう。つまり、学習に関係のない不要物といっても厳密な定義は難しく、守らせることにほとんど教育的意義はなく、叱っても子どもは心から反省することはありません。

規範意識を育てるために、校則を守らせることに意義があると考えるならば、そういう場や機会は他にもいくらでもあります。トランプで休み時間に遊ぶことは教育的ではないというのは説得力がなく、子どもたちの心になるほどという納得は生まれません。

同様の問題にマンガ本、趣味のバイク・釣り・ファッションなどの雑誌、おはじき、将棋などの持ち込みもあります。

マンガ本は学校図書館にずらりと揃えたり、授業で用いたりする例も少なくありません。それでもトランプやマンガ本の持ち込みを認めたくないという人は、教師の意見として本人に伝えてもいいですが、絶対に認められないものとして指導はすべきではないと思います。

指導するのは危険物（ナイフなど）や違法な物の持ち込みに限り、あとは本人の自覚に任せるべきです。もし、ルールがある以上は放置しておけないというならば、次のようにしてはどうでしょうか。

学校にはたらきかけるか、他の遊びをつくる

ルールそのものを変えてもらう方法ですが、それまではこのルールで指導します。学級委員会などにはたらきかけて遊びの道具を認めてもらうのです。もともとトランプ自体には悪質性がありません。学級の意見として提案し、学級委員会などで討議してもらい、最終的には学校側にも認めてもらえるようにはたらきかけます。

時と場所のルールを決めて遊ぶことのほうが教育的と言えます。

もう一つの方法は他の遊びをつくることです。学級で話し合い遊び方を考えます。トラ

ンプがだめなら、「紙でトランプ風のカードをつくってはどうか」「鉛筆でゲームをやれないか」「消しゴムで遊べないか」などとアイデアを出し合います。

もちろん今度は教師側が困ってしまいます。「トランプはだめだが、私製のトランプはいいのか」「鉛筆や消しゴムで遊ぶのは構わないが、私製のトランプだといけないのか」などと教師自身も最後は困ってしまいます。

〝絶対悪〟ではないものを禁止すると、こういう無用な議論に陥りますから、時と場所のルールを決めることに指導を切り替えるべきなのです。

【ここがポイント！】

トランプの持ち込み自体は悪ではありません。むしろ、遊び方を考える機会にして、学級委員会などにはたらきかけてルールを変えるか、他の遊び方をつくります。

合唱コンクールにしらけて取り組まない子がいる

歌が苦手だから活躍できない！

合唱コンクールなどの行事に積極的に取り組まない子がいます。一生懸命に取り組むように叱ったり説教したりしても効果はありません。「わけ」があるからです。

人は誰もが自分の役割がわからず活躍できないと思っていたら、熱心に取り組まないのは当然ではないでしょうか。歌が苦手で自信がなければ、楽しくありませんし、活躍できないと思っていますから、一生懸命にやる意味を見つけられないのです。

そこでいろいろと工夫をして、「君のいまのその力でいい」「君のその能力を学級のために使いなさい」というメッセージを伝えます。

例えば、大きな声すら出さない子がいます。特に一部の男子は大きな声で歌うと音程の不正確さがわかってしまい、恥ずかしいので小さい声で歌います。

そこで「音程なんてどうでもいいんだよ。まず大切なのは声をきちんと出すことだ。近所から苦情がきたら終了だ！」などとゲーム化します。ほとんど野獣が吠えているようになり、音楽の先生には叱られそうですが、まずは恥ずかしさをなくします。

合唱の美しいハーモニーをつくるには確かに音程が大切です。１小節ずつ音取りをするのもいいですが、「練習のたびに正しい音を一つでも増やしていけばいいのです」と気楽にやるのもいい方法です。それには比較的正しく音を取れている子の前に、取れない子を配置して練習すると正確な音が増えていきます。後ろから正しい音が聞こえると歌いやすいからです。また、音楽の苦手な子たちには楽譜の工夫が必要です。例えば、バスパートが一番上のソプラノパートにある歌詞を見ながら、なおかつ音楽記号を読み取って歌うなどというのは難しいのです。そこで歌詞を自分のパート部分に書き写させるか、歌詞を先に覚えさせます。

以上は音楽の苦手な私が、合唱コンクールに取り組んできた工夫の一部です。毎年、自分流の工夫を蓄積していくのも楽しみの一つです。

「君は40人分の1を担っている」

練習が進んできたら、子どもたちに伝えたいのが「君は立派に40人分の1を担っている」

というメッセージです。すると「自分は40人分の1の役割を果たしているんだ。僕はそれなりに活躍できるかも」という意識が育ちます。

また、合唱の得意な子だけが活躍できる合唱コンクールであってはいけません。いい合唱をつくるには、いろいろな係がなくてはいけません。

伴奏者と指揮者だけでなく、見やすい楽譜をつくる係、並ばせる係（各パート）、録音係、舞台づくりの係、道具の設置係（音取り用のCDをかける係）など、たくさんつくります。そして「並ばせる係や道具係のおかげで、短時間でいい練習ができた」「録音係がまめに録音してくれたから研究ができたね」などと具体的に評価します。

得意な子しか活躍できない行事や、係が少数の人数しか必要がない行事は適切な行事とはいえないのです。

【ここがポイント!】

行事に熱心に取り組まない子は、その行事（歌、運動など）の役割が意識できないからです。様々な工夫をして、活躍できるような係をたくさんつくり、活躍していることを実感させせます。

第5章

ゼロトレランス式で対応する
～例外は認めない～

ゼロトレランス式とは、認められない言動には寛容さを捨てて厳格に対応するという意味です。従来の「毅然とした対応」という言葉と同じですが、「叱る」という指導を超えた問題に対応する場合です。

第5章では、主に重大な問題行動に適用するゼロトレランス式の生徒指導についで取り上げます。

遅刻の基準をめぐって

際限なく譲ると無規律な学級に

これは実際に私が経験したことです。ある学校で、既に朝のチャイムが鳴ったのに悠々と廊下を歩く子がいたので、「遅刻だよ。急ぎなさい」と注意したら「チャイムは昇降口で鳴ったから、遅刻じゃないよ」と堂々と言ってのけるのです。

私にはその意味がわかりませんでしたが、その学級の親しい子から話を聞いてようやく理解できました。おおよそ次のような経過でそうなったようです。もちろん最初はチャイムが鳴ったら席に着いていないと遅刻と指導していたのですが、子どもたちの「教室内にいればいい」という意見を認めました。次に「チャイムが鳴った時に、僕は1歩だけ足が遅れただけで遅刻で、混み合っていたから仕方がない。ほとんど差はないのに」という苦情が出て、その意見も受け入れました。

やがて、「前にいたA君と差は30センチもないのに、僕は遅刻になるのか」という意見も認められ、ついには廊下にいればいい、階段にいればいい、昇降口に入っていればいいと拡大し、校門に入っていればいいという強者まで現れたそうです。さすがに校門に入っていればいいというのは認められませんでしたが、昇降口までは認められたそうです。

さて、こういう担任ですから万事がそうです。給食中には頻繁に水飲み場に行ったりトイレに行ったり、その帰りには他のクラスに入り込んで遊んだり、早く食べ終わった者は勝手に出歩くといった秩序のなさでした。迷惑なのは近くの私のクラスでした。給食中にもかかわらず、早く食べ終わった子が誘いに来るなど、落ち着いて食べられません。

朝の会や帰りの会は早く終わるとさっさと解散するため、私のクラスの廊下で遊び出してしまい騒々しくて落ち着いて会を進められません。

はっきりと基準を示して譲らない

ここまで無規律ではなくても、部分的にはこれと似たことはよくあることです。何が問題なのでしょうか。

そもそもこのような問題（遅刻の基準、時間を守る、他人に迷惑になる行為など）には、子どもの納得を前提にしてはいけません。「ダメなことはダメ」という意味はそういうことです。もちろん、なるべく子どもたちの合意や納得を目指すのはいいのですが、前提にしてはいけません。

そうしないと周囲に迷惑がかかりますし、先のクラスの遅刻のように途方もない無規律が生まれます。学校生活の約束事には、ゼロトレランス式で対応するものもあるのです。そこが、第2章～4章の問題と少し違うのです。

先の学級のようになると、たえず子どもが出入りし朝の会も落ち着きませんから、連絡事項も徹底しませんし、食べるのが遅い子は最後まで食べずに残してしまうことになります。このような学級経営や生徒指導をしていては、真面目な子からの信頼を失い、やがて「学級崩壊」や「荒れる学級」に至ることになりますから、軽視してはいけません。

【ここがポイント!】

学校生活上の約束事には、子どもたちの合意や納得を通じて守らせるものもありますが、合意や納得を必要とせず「ダメなことはダメ」とゼロトレランス式で対応するものもあります。

暴力を振るう子がいる

対教師暴力は法的対応をする

教師への暴力が放置されると、例外なく学校は無法化し荒れます。

「教師は暴力に屈するようであってはいけない、毅然と対応すべきだ」と言う人もいますが、このような抽象的な方針ではとても現実に起きる暴力には対応できません。生徒の暴力に力ずくで対応すれば、際限なくエスカレートし、特定の（例えば、腕力の強い）教師しか対応できなくなるでしょう。

この「毅然と対応すべきだ」という意味は、法的対応をするということです。ところが、学校によってはいざ対教師暴力が発生しても、「今回ははじめての対教師暴力だから」「先生のケガは軽いものだったから」「今回は教師側にも生徒を興奮させるような言葉づかいがあったので」「保護者が納得していないので」などという例外規定をつくり、法的対応を見送るケースがよくあります。

2回目の対教師暴力が起きないという確実な保証などありませんから、このような例外規定をつくると一般的には、「A君の時は、学校は被害届を出さなかったのに、なぜオレの時は出るんだ」となり、対教師暴力は事実上放置されることになります。

ですから、対教師暴力というのは例外も寛容さもないゼロトレランスであるべきなのです。また、そのことを事前に生徒にも保護者にも宣言しておくことが重要です。

ただし、教師側から挑発をしたり、体罰を行使したりするなどのきっかけを与えてはいけないのは当然です。

また、「法的対応」とか「警察に被害届を出す」と言うと、生徒がすぐに施設に入れられたり、裁判になったりすると誤解をしている教師や保護者がいて、これが法的対応などをためらう理由にもなっていますが全く違います。むしろ、警察では非行や犯罪の社会的処遇をきちんと教えてもらえますから、かなりの抑止力になります。

生徒間暴力は学校として被害者に法的対応をすすめる

生徒間暴力も基本的には同じですが、こちらは最終的には被害者の本人と保護者の意思で決まることになります。そのため生徒間暴力が起きても、学校によっては「被害届を出すかは親子で話し合って決めてください」と第三者的な対応をしたりしますが、学校としての意見を明確に伝えなくては被害者側が法的対応に踏み切ることは難しくなります。

例えば、「B君については暴力が多く、学校としてはもはやこれ以上は指導も限界ですから、今後のために法的対応をしたほうがいいと思っています」などと指導の現状を踏まえて学校の意向を伝えます。

ただし、対教師暴力と違うのは、ケンカの中で双方が手を出していたとか、あえて興奮するような言動を相手にとったため暴力を受けたとか、複雑な背景がありますから、単純に法的対応をすべきとはいえません。

一般的な基準としては、これまでも暴力的言動を繰り返している、些細な理由で一方的に暴力を振るった、何度か指導をしてきたが非を認めず反省の色がない、などというケースは法的対応をすすめるべきです。


【ここがポイント!】


対教師暴力は「法的対応」をせずに放置すると、暴力がエスカレートし学校は荒れます。

生徒間暴力は暴力に至った背景をよく見極めて、指導が困難な場合は「法的対応」を被害者側にすすめます。

大きな破損行為が起こる学校

なぜ、起こるのか

第4章の3では、比較的軽微な破損行為を取り上げましたが、ここでは大きな破損行為（校舎や廊下の壁への落書き、何枚もの窓ガラスを割るなど）について述べましょう。

物を壊す理由の一つに、学級への不満や担任への反抗がありました。ところが、大きな破損行為にはさらに仲間内で強がりを示したり、自分たちの集団を誇示したりするための破損行為というのがあります。

例えば、「オレのほうがもっと教師を困らせている」と仲間の上をいっていることを暗に自慢するという、仲間内の退廃的な競い合いをしたりします。また、「真面目なやつはできないだろうが、オレたちは違うぞ」という集団の自己顕示欲のために行うなどです。

これでは厳しく叱っても説諭しても、その仲間にいる限り、効果はほとんどないことがわかります。大きな破損行為というのは、その「わけ」は相当に根深いのです。ですから、そうした行為が頻発する学校は、既に激しく荒れているか、これから激しく荒れていくことになるかのどちらかしかありません。

大きな破損は「法的対応」をする

破損行為の理由はわかっても、解決はとても難しいのです。しかも、第4章の3のような比較的軽微な破損行為とは違って、「遊び」にして楽しみながら取り組むほど気長にやるわけにはいきません。

大きな破損行為は当然多くの生徒も見ていますから、生徒も「先生たちはどうするんだろう」と注目している時に何の対応もしなければ、正義感のある子どもたちは「先生たちは頼りにならない。だらしがない」と失望するでしょう。こうして正義の気風が失われていきます。

加害者は崩れた集団のことが多いため、見ていた生徒がいても教師側には何も言いませんから、加害者を特定できることはあまりありません。

また、加害者を特定できても認めることは少なく、有効な手立てはありません。ではどうすればいいでしょうか。

一つは多くの教職員で、時には保護者にも呼びかけて破損した器物の修理を行うことです。できるだけ大々的にやって、こんなとんでもないことが起きたこと、修理には大変なお金と手間がかかることなどを宣伝します。つまり、一種のデモンストレーションです。その日は多くの家庭で「先生たちも大変ね。とんでもないことをする子がいるんだね」と話題になるに違いありません。こうして「世論」をつくります。

もう一つは「法的対応」です。ただし、加害者がわかることはほとんどありませんが、警察官による現場検証などによって、学校側の姿勢を示すデモンストレーションによる世論づくりという意味があります。

破損行為の多くは加害者がわからないことが多く、このカギはデモンストレーションによる世論づくりです。加害者がわかるならば、加害者と一緒に修理する、弁償させる、法的対応をするなどの対応になります。

【ここがポイント!】

大きな破損行為は荒れの前兆であり、軽視できませんが、加害者がわかることはまれです。法的対応や保護者の協力を得て修理するなどのデモンストレーションによる世論づくりがカギです。

金品をたかる子、たかられている子がいる

「たかったのでない」と事実を認めない子

「たかり」というと少し犯罪性が薄まりますが、金品のたかりとはつまり「恐喝」のことです。

子どもの世界には、友達同士でたかったり、たかられたりするということは仲がいい関係にはよくあることです。ところが、これが本人の意に反して強要されると「いじめ」や「恐喝」になります。

そこでこのような訴えがあれば、双方から事情を聞いて事実関係を調べます。事実が一致し、意に反するやりとりがあるならば、叱って説諭すると通常は二度と起きません。

ところが、頻繁にたかっている子や頻繁にたかられている子がいる場合は、そう簡単には対応できない背景があるのです。かつての「校内暴力」期はほとんどがこのケースであ

り、随分と悩まされたものです。

例えば、被害者から訴えがあり加害者から事情を聞くと、「えっ、オレはそんなことしてないよ。だってあいつがやるよって言ったからもらっただけだよ」「勝手にあいつがゲーム代やお菓子代をいつも払ってくれるんだ」などと、脅したりして強要していないと主張します。今も「いじめ自殺事件」でよく起きる言い分です。

相手が自ら進んでそうしたとなると、当然恐喝は成立しませんから、恐喝する側も露骨な言動では強要せず、あの手この手で暗に示しますので証明ができないのです。

頻繁に起きる恐喝（と疑われるもの）は巧妙なだけに、証明が難しく学校の指導の限界を超える場合が多いです。迷わず警察と連携することです。

「法的対応」をする

実際にはそれほど高額でなかったり、加害者側が初めてだったりして、いきなり被害届を出すことに迷う場合は、学校としての指導は当然しますが、警察に相談したりして連携すればいいのです（国立教育政策研究所・生徒指導リーフ12「学校と警察等との連携」平成25年）。

しかし、一般的には1000円単位を超えたり、少額でも複数回にわたって行われていたりした場合には、必ず警察と連携して相談・指導をお願いしたほうが、加害生徒の行為も初期で終わることが多いです。

また、加害者（と疑われる者）が最後まで認めない場合はどうすればいいのでしょうか。加害生徒がたかり行為（恐喝）を認めないから警察に相談できないなどと思っている例もありますが、通常、警察は疑義も含めて扱いますから本人が認めなくても、「学校としては、これ以上は事実がわからないから警察で扱ってもらう」として相談すればいいのです。

恐喝に限らず、このような警察との連携は普段から互いに意思疎通がなければ、適切な連携はできません。現在は自治体ごとに教育委員会と警察が協定を結び、相互に連携して非行防止を目的とした「学校・警察連携制度」が進んでいますから、この制度を利用するといいです。

今でも警察との連携を「教育の敗北である」とか「子どもを警察に売るのか」という批判がありますが、今日の非行・問題行動の根深さを理解していない批判といえます。

【ここがポイント！】

恐喝は加害者がその事実を認めない場合には、対応は難しくなります。認めても認めなくても、警察との連携が必要です。「学校・警察連携制度」を活用しましょう。

授業の妨害が起こる学校

どうあっても認められない

学校ではいろいろな問題行動が起きますが、どうあっても認められない問題行動というのがあります。一つは「対教師暴力」(→第5章の2)、もう一つはこの「授業妨害」です。対教師暴力が頻発すると、学校は無法化します。暴力を行使すれば、どんな不正もまかり通ることになり、学校としての機能は完全に失われるからです。

次にあってはいけないのが授業妨害です。授業を普通に行うことができなくなりますから、教師も子どもたちも疲弊し落ち着いた学校生活ができなくなります。当然、教師は放置できませんから妨害行為に対応することになりますが、すると授業妨害から派生して校内徘徊(→第3章の5)や対教師暴力がさらに起きることになります。

したがって、授業妨害には、最初に起きた時点で学年教師集団として対応しなければなりません。

通常は一過性のものもありますが、一過性で終わるかどうかは予測できません。2回、3回と起きる場合は厳しく叱っても、もはや効果はないと思わなければいけませんから、どうあっても認められないという学校側の姿勢を示さない限り、エスカレートすることはあれ自然に解決するというのはごく稀です。

もちろん、最初は妨害行為に至った「わけ」を聞いたり、厳しく叱ったり説諭したりして指導しますが、生徒側の理由は「先生の注意の仕方が気に入らなかった」とか、「オレにだけ注意して不公平だ！」などと勝手な言い分がほとんどです。理由さえあれば妨害行為が認められるのでは学校は成り立ちませんから、保護者を含めてよく指導し、「どんな理由であっても認められない行為である」ことを伝えます。

一時的には悪化しても、やむを得ない

さて、「どうあっても認められない」という学校側の姿勢をどうすれば示すことができるのでしょうか。授業妨害への対応を難しくさせているのは、授業中に起きるためです。厳しく注意をすれば興奮し、いっそう混乱することがあり、また軽く注意しただけで注目しなければ、無視されたとしてさらに言動が拡大するという悪循環に陥るからです。そのた

め教師は躊躇してしまいます。

そこでどうしても学校として全教職員が合意しておかなければいけない決断として、「一時的にはさらに悪化することがあってもいいから、厳しく対応してやめさせる」ということです。例えば、妨害を注意された生徒が物を投げつけてきたり、暴れたりしたら教師はその生徒の体を抑えて制止する、または腕を手で引っ張って教室の外に連れ出して指導する、などの教師側の強い指導が必要になります（→文部科学省・平成25年「学校教育法第11条に規定する児童生徒の懲戒・体罰等に関する参考事例」）。

その結果、一時的にはさらに混乱して対教師暴力が発生することもありますから、学年の教師集団として体制をとって対応することです。

以上のことを保護者や生徒全員に事前に宣言しておくと、経験的には案外と何も起きないものです。


【ここがポイント！】

授業妨害や対教師暴力は、どうあっても認められない問題行動です。頻発すると他の問題行動に波及しますから、それなりの体制をとって対応すべきです。一時的には悪化しても厳しく対応します。

集団による万引きが起きた

「盗みは愛情の請求書」？

とてもわかりにくい心理ですが、「盗みは愛情の請求書」という言葉があります。どうして盗みが愛情を求めるのと同じことなのかと思ってしまいますが、品物ではなく本当は愛情を盗もうとしているわけです。

特に、親にもっと愛してもらいたいと思っている子が盗みをはたらいたり、あるいは親に愛してもらっている確信がもてない子が盗みをはたらいて確認しようとしているらしいのです。

しかし、盗んだ子どもはこのような心理は自覚していませんから、たいがいは「他の子もしているのでつい」「誘われて断れなかった」などと弁明します。そのため保護者も「友達のせいだ」と思ってしまい、万引き仲間とつきあわなければ、もうやらないだろうと思いがちですが、それほど甘くはありません。

これでは本当の心理はつかめません。親子の愛情関係に問題があったと思って、家庭生活での親子の接し方などを改善し、大いに子どもに愛情をもって接したり注目したり認めたりすることです。

盗みを犯してしまったら、本人の引き取りや謝罪を学校に任せたりしないで、親子で弁償・謝罪をしなければいけません。そうすることによって、ようやく子どもは自分が親に見捨てられていないことを知り、愛情を確認できます。親子関係の寂しさを埋めるために、親に面倒をかけさせるのです。

また、義務的に弁償・謝罪を終わらせ、「きっとあなたはもうしないだろう」などと物わかりのいい親を装ってはいけません。厳しく叱って当然です。子どもは親のかかわりを求めているのです。

集団万引きは必ず法的対応

ところが、このような対応で効果があるのは単独か数人の遊び仲間の万引きであり、集団の万引きか非行仲間の万引きにはほとんど効果はありません。

集団万引きは、一度でも成功すると「みんなやっているよ」「たくさんあるんだから、一つや二つは大丈夫だ」などと、罪の意識は極端に薄くなりますから、再犯性が高く万引きは続きます。

このケースの場合は警察が扱うことにならないと、長期にわたり続くかさらに高額な製品の万引きにエスカレートしていくことが多いです。

もし、学校や担任に店側から連絡があった場合には、生徒の保護者への連絡や引き取り、謝罪などの具体的なことも含めて警察と相談する必要があります。

商店によっては警察に届けると大変な手間と人手がかかるため弁償と謝罪で済ませようとする傾向がありますが、学校側の考えをはっきりと示して協力を求めることです。

一番良いのは、事前に地域の商店会と万引きを発見した場合にはどうするかを取り決めておくことです。また、「学校・警察連携制度」の中で取り決めておくのもいいです。

【ここがポイント!】

万引きには親の愛情を求めたり確認したりする心理がはたらいていますが、これも集団万引きになると罪の意識は極端に薄くなり、再犯性が高くなります。警察の対応を求める段階です。

第6章

同調者を増やしながら取り組む
〜速効性は期待しない〜

学級には、些細だけれど気になる問題があります。すぐに大きな問題にならないとしても、放置はできません。

第6章では、そうした気になる問題を取り上げ、子どもたちの中に少しずつ同調者を増やしながら問題を解決していく方法について述べます。速効性は期待できませんが、定着すると長続きします。

物隠しなどは灰色のまま取り組む

白黒つけなくても指導はできる

学級ではいろいろな問題やトラブルが発生しますが、その経過からやった子はほぼ自分の学級の生徒にいると思っても、名乗り出ることは少なく、また認めることもまずありません。それならば、白黒をつけずに灰色のまま取り組むしかありませんが、こういうことが続くと、担任もつい生徒の前で厳しく叱ったりします。もちろん、厳しく叱ることが必要なこともあります。

しかし、はっきりしないことで担任が叱ると、学級の雰囲気は悪くなり、怪しいなと思う生徒を追及しても「疑われた」となり、事態はさらに複雑になります。実際、担任の思い違いであることもあります。

こうなると、ますます悪さをするには好都合の土壌が学級に生まれてしまいます。学級全体の担任への反感が悪さをしやすくするのです。

学校は警察とは違いますから、警察まがいの〝捜査・取り調べ〟はできませんので、白黒をはっきりとつけられないことがあるのです。

こういう場合、灰色のまま指導をします。

物隠しや、嫌がらせ行為などに

例えば、物隠しです。起きるとやった子がわかることはまずありません。困らせるのが目的ですから、被害者の困った顔や沈んだ顔を見て満足しているのです。1人で悩んでくれると思うつぼです。「あんたなんか困っても、誰も気にしませんよ」とさらすのがやった子の目的です。

そこで物隠しが起きても密かに対応しないで、できるだけ大騒ぎして問題にします。すると、やった子は「あいつの味方はこんなにいたのか」と思い、沈んだ顔を想像していたのに、級友から同情されたり、注目されたりしたのでは目的をとげられません。

では、そういう友達の少ない子はどうしますか。自然にまかせて放置してはいけません。担任が意図的に同調者を増やしてやります。ここが担任の腕の見せ所です。

例えば、物隠しの被害を受けた生徒の道具を全部友達が持って、移動教室に行くのです。

作戦も教えておきます。歩きながら「○○さんの物が隠されたり、壊されたりするから全部持って移動しているの」と大声で言いなさい、などと。

事前に真面目な生徒に頼んでおけば、数人には手伝ってもらえるでしょう。ついでに、やった可能性のある子に何食わぬ顔をして、「○○さんも手伝って！」などと声をかけるのもいい方法です。

この同調者を増やしていく方法は、物隠しだけでなく個人の机や持ち物に落書きをされたり、壊されたりするような嫌がらせ行為などで、やった子がわからない場合には全て通用します。

ただし、緊急性のない問題である場合に限ります。「担任がまず取り組んでくれた。友達も手伝ってくれた」という精神的支えの必要な時には、まずここから始めると、被害者の心はかなり癒されます。


【ここがポイント！】

学級の問題には誰がやったかわからないという、白黒のつけられない問題がよくあります。灰色のまま指導すればいいのです。同調者を増やす指導です。やった子の目的が半減してしまいます。

ゴミが散乱している学級

荒れている学級は汚い！

学級が荒れていると、ほぼ例外なく教室の中にはゴミが散乱し、壁に貼られた掲示物は破れ落ち、机・椅子は無秩序になっています。学級は荒れているがゴミもなく掲示物はきちんと貼られ、机・椅子は整然と並んでいるのを私は見聞きしたことはありません。

秩序などどうでもいいという荒れた感覚が、ゴミや無秩序を生むのでしょう。しかし、きれいにさえしておけば学級は荒れないかというと、それほど単純な話ではありません。「健全な精神は健全な身体に宿る」という言葉が古くからあるくらいですから、きれいにしておくにこしたことはありませんが。

子どもたちに「汚い！　もっときれいにしなさい！」といくら叱っても特定の一部の子にしか効き目はありません。

人は愛着のある場所や何らかのつながりの深い場所などは、比較的きれいにしようとしますが、学級に居場所のない子にとっては教室が汚くても無関心ですから、どんなに叱れてもその気にはならないでしょう。

しかし、居場所をつくってその気になるのを待っていてはいつになるかわかりません。

「やって見せる、一緒にやる、させて褒める」

そこで最初は教師が主導してその気にさせます。自主性を尊重して子どもたちに任せていては、子どもの人数分だけ生活習慣や価値観がありますから、全員がその気になるのはとても無理です。

教室が汚くなり始めたら、授業の帰りなどに自分の教室に寄って、「わあーっ、汚いなあ！」と言って黙々とゴミを拾います。大半の子どもは我関せずです。「拾って！」などと言うと、「オレの落としたゴミじゃないよ」と言うでしょう。これを2週間も続けると「掃除の好きな先生」「きれい好き」などと〝認定〟されるでしょう。

次に「○○さん、手伝ってくれる？」とやってくれそうな子と一緒にやります。これを2週間ほどかけて同調者を増やしていきます。この頃にはゴミが床に捨てられたりするのは激減します。

ゴミを床に捨てたり、ロッカーの上に放置したりするのがしにくくなる雰囲気ができてくるからです。

最後の仕上げは、ゴミを見つけたら「○○君、それ拾っておいて」「そこのゴミ、ほうきで掃いておいてくれる」などと子どもにさせます。この段階になると、「この先生が言うのは仕方がない」と諦めて言うことをきいてくれるはずです。そして、次の休み時間に確認して「○○君、ありがとう。きれいだよ」と褒めます。「やって見せる、一緒にやる、させて褒める」のがコツで同調して拾う子を増やします。

朝の会や帰りの会では「○○君はゴミを拾っていたよ。偉い！」「きれいな教室は気持ちがいいね」と褒めます。

ここまで1カ月くらいかかりますが、叱るよりもはるかに効果があり、担任と子どもの人間関係もプラスになります。

【ここがポイント！】

荒れている学級には汚い教室が多いですが、軽視してはいけません。一挙に意識を変えるのは無理ですから、「やって見せる、一緒にやる、させて褒める」で同調者を徐々に増やしていきます。

授業中の私語が多い学級

私語には大義名分と理由がある

私語を注意すると、「授業に関係があることを話していました」と言い訳して、まるで私語ではないと言わんばかりの子がいます。もちろん、この大義名分を許すと私語の洪水になることは明らかです。そこで、はっきりとこの大義名分を否定します。「もし、わからないことを聞いたり関連することが話題になったりしたとしても、相手にも周りの子にも迷惑なことです。たとえ授業に関係があっても、それは休み時間にすることです」と。

本当の理由は何でしょうか。経験的に言うと、ほぼ例外なく授業がわからないからです。つまり、低学力が理由なのです。

すると、次のように主張する人もいます。「魅力ある授業」「わかる授業」になっていない教師側の問題ではないか、と。確かに授業はそうでなくてはいけませんから、常に授業の力を磨かなければいけません。しかし、少なくとも教師はうまい授業ができるようになるまでには、相当な年数を要するものです。仮にベテラン教師になったとしても、1年間全ての授業で「魅力ある授業」「わかる授業」を展開するなど、非現実的なことです。

根本的な私語対策は、「低学力への対策」です。私語の多い子の大半は低学力の子たちですから、まず勉強の仕方を教えます（↓第3章の12）。授業への取り組み姿勢が変わりますから、少しは私語が減りますが、すぐに学力の向上につながるわけではないので、長続きしないことが多いです。

そこで私語を減らす一般的な対策です。①授業をざわついたまま始めず、一度集中させ静かにさせてから開始します。例えば、係に号令をかけさせて開始の合図をしてもらいます。または、授業の開始と同時に簡単な問題を提示することによって、やることを明確にして集中させます。②逆に、最初のざわつきは気にせずに、いきなり質問をして「次は僕があてられるかも」という緊張感を意図的につくります。

注意し合う同調者を増やす

担任としての対策は、また違います。生徒たちの中に私語を減らすシステムをつくることです。

授業中に注意し合うシステムです。私語というのは相手がいるからできるのです。そこで、まず話しかけられた相手が断ることですが、「嫌われるのではないか」「いい子ぶっていると思われたくない」などという思惑がはたらき、今の子はなかなか言えません。

そこで学級活動の時間に、きちんと時間をかけて「注意し合おう」「話しかけられたら断ろう」と呼びかけます。すると、少しは断りやすくなります。「先生も注意し合おうと言っていたから仕方がない。私語は控えようよ」と断る口実になるからです。

そして一挙に私語をゼロにするのではなく、注意し合う同調者を増やしていくことを目標に始めます。少しでも減ったら、きっと注意し合ったりするようになったからだと評価します。

私語対策には、第4章の1のような方法もあります。

【ここがポイント！】

私語対策は二つ。低学力のため私語に興じる場合は、低学力への取組が必要です。もう一つは私語を誘ってくる相手への対策です。「注意し合う」システムをつくり、同調者を増やしていきます。

授業中に手紙を回す子がいる

手紙回しには深い背景がある

授業中に手紙を回す行為があります。小学校高学年から高校生まであるようです。ある大学の教授が大学生にもあると嘆いていました。

この行為にかかわる子は書き手と読み手の2人だけではなく、手紙を渡してと頼まれる周りの生徒も巻き込まれることになります。渡すだけでも、先生に見つからないタイミングに結構神経を使いますし、その返信がまた来ますから、1時間に何度も来ることも多いのです。

実は手紙回しは、教師の知らない間に深く浸透していることが多く、しかもその実態は隠されていることがほとんどです。担任は一度自分の学級で手紙回しがはびこっていないかを調べてみる必要があります。

では、どうして1時間も待てば堂々と直接話せるものを手紙などという手段を授業中に使うのでしょうか。私はそういう子たちから放課後に、「叱らないから理由を教えて」と言ってよく聞いたものです。

「A子さんと揉めていて、休み時間に話し合ったんですが時間がなくて」「2、3日前からB子さんとトラブルがあって、そのことでC子さんとどうしても話がしたくて」などと、つまり未解決の問題を抱えていて不安と心配で、授業どころではなかったというのが心境のようです。今どきの子はチャットアプリからの連絡を無視することはできず、すぐに返事をする時代ですから、「また次の休み時間ね」とはできないようです。

もちろん、「放課後に○○○に遊びに行ける？」などと、世間話のような内容を手紙にして回す子もいますが、こういうケースは叱って説諭するだけで改善します。

しかし、多くは友達関係のもめ事やトラブルが背景にあることが多く、授業に集中できないのです。今どきの子どもたちにとって、友達関係の不安定さは死活問題になるという事情を反映しているようです。

「僕は手紙は回しません」とシミュレーション

こういう問題を背景にした手紙回しは、どんなに叱っても今度はより巧妙にやろうとなってしまいます。先生の怒りよりも、友達の怒りのほうが勝るからです。

さらに手紙回しの場合は、渡すだけだからと罪の意識はほとんどなく協力することになり、こうして教室のあちこちにはびこります。

そこで事前に手紙回しの弊害を説明しておき、いざその場面に出遭ってもためらうことなく〝協力〟しないと決意させておきます。いわばシミュレーションしておくのです。

例えば、ある事を誘われたとします。ところが、予想もしなかったことで瞬時に判断できないことであったりすると、断れずについつい誘いに乗ってしまうことがあります。しかし、事前にこういうことがあったらこうしようと普段から決めておくと、うまくいくことが多いものです。あとは同調者を増やしてください。

担任はこのような細かな問題に取り組めなくては、学級経営は得意にはなれません。

【ここがポイント!】

手紙回しを軽視してはいけません。手紙回しには人間関係のもめ事やトラブルが背景にあります。叱ったくらいではなかなかなくならず、手紙回しはしないシミュレーションを普段しておきます。

5

行事に取り組めない学級

〝取り組めない〟のではなく、〝取り組まない〟

行事に取り組めない学級とはどんな学級でしょうか。例えば、合唱コンクールの場合ならこういう学級です。他の学級が練習に熱が入ってきても、いっこうに盛り上がらず練習をサボって帰ってしまう者もいる、係が「ここはこう歌おう」と言ってもついてくるのはわずか、やがて出来の悪い合唱に気づいた子たちからは、「係がだめだから」「担任がだめだから」だと文句を言い出す。こんな経験はありませんか。

そこで担任はカミナリを落とすことになりますが、時既に遅し。ますます雰囲気も悪くなります。もう、叱っても反発を買うだけです。

どうしてこんなことになるのでしょうか。行事は生徒が自主的にやるものだと信じている担任は、生徒任せにしてしまうからです。その年の学級によっては、担任が何もしなくても生徒が自主的にやれることもありますから、この経験をしていると担任は口を出さないほうがいいと思い込んでしまうのです。その時の学級を見極めなくてはいけません。

一般的には、教師が先頭をきって子どもたちをその気にさせます。子どもたちに任せておいて、その気になることはよほど指導力のあるリーダーがいないと難しいと思います。

つまり行事に取り組めない学級とは、担任が積極的に取り組まない学級のことです。そして行事が嫌いな教師であることも多いのです。嫌いな理由は、行事があると当然子どもたち同士のやりとりや摩擦も起きますから、もめ事やトラブルが増えて面倒だからです。

行事は人間関係を学ぶ最良の場です。教師がこの行事が嫌いであると、どこで子どもたちは人間関係を学ぶのでしょうか。

「この行事には君が必要だ！」

合唱コンクールならこんな話を何度もします（第4章の5も参考に）。

「上手に歌えなくてもいいんだよ。でも、ここの5小節が歌えるなら、そこだけでもいいじゃないか。そのうち歌える箇所が増えるよ」「君は少なくともそこでは40人分の1を果たしているよ」などと、活躍できるところが少しでもあればいいことを伝えていきます。

これが同調者を増やすコツなのです。何人もの子たちを一挙にその気にさせようとするから、見通しがなくなるのです。

では、体育大会（体育祭）ならどうしますか。

特に運動の苦手な子は活躍できませんから、楽しく取り組める行事ではありません。

「A君、君は去年の100メートル走は何等でしたか。最下位の6位！　じゃあ、今年は5位を目標にしよう」

「先生、5位も6位も変わりませんよ」

「いゃあ、大違いだね。100メートル走だけで、去年より一つ順位を上げただけで、多分男女で15点はプラスだよ。ということは、総合順位は上がるよね。A君、一つ順位を上げるのは可能かな？」

「可能ですよ！　だって去年までは5位も6位も同じだと思っていたから、最後は適当に走っていたんだ」

行事の特徴を見極めて、多くの子どもに君が必要なことを伝えます。


【ここがポイント！】

行事に取り組めない学級の責任は子どもではなく、担任にあります。取り組みたくない、行事が面倒で嫌いだ、と思っているからです。行事は人間関係を学ぶ最良の場なのです。

第7章

「いじめ」に対応できる力とは
～いじめは叱っても効果は薄い～

第7章では、「いじめ」に対応するための、個々の「問題行動に対応できる力」について解説します。

「いじめ」の対応にあたって―「定義」の理解ではない―

「いじめ問題」に関心をもつ多くの研究者、評論家、教師はいじめを解消するためのカギは、「いじめかどうか」の正確な判断・認識だと異口同音に主張します。「早期発見・早期対応」のためには、まずいじめを見逃さないことが前提ですから、正確な判断が重要だと考えるわけです。

ところが、いっこうにいじめ事件はなくならず、「いじめだとは思わなかった」「ただの遊びだと思った」などという弁明が、何度繰り返されてきたかわかりません。

そこで今度は、「いじめだとは思わなかった」などという判断が起きないようにするために、「情報の共有化」「1人で判断しない」「いじめ対策委員会をつくり組織で対応する」という教訓が叫ばれるようになりました。

これは「定義」に基づいて、より正確にいじめかどうかを判断しようということであり、何が何でもいじめを早期に発見し対応することが、いじめをなくすカギだと考える姿勢をみてとれます。

一方、文科省や多くの研究者、評論家、マスコミが「定義」の正確な理解とその厳密な運用を学校現場に迫ることによって、今日の学校現場がいじめ問題を解消できないのはあたかも現場教師が「定義」を理解していないからのように報道され続けています。

しかし、本当は真の原因は全く別のところにあります。むしろ、「定義」の理解を叫べば叫ぶほど、真の原因はぼやかされてしまい、今やいじめ論議は深まることがなく、三十数年も同じ議論を繰り返しているのが現実です。

「いじめかどうか」の判断は必要ない

2015年に起きた岩手県矢巾町の中学2年生男子生徒の自殺事件では、担任は「トラブル、ちょっかい、からかい、ケンカという認識でいじめという認識をもって指導にあたっていなかった」と認めています（学校の「調査報告書」より）。親には「いじめに早く気づけず無力だった」と謝罪しています。

もしこれを「いじめ」と認識していたら、実際に解決していただろうかということです。この担任は加害者に指導を何度もしていたのですが、効果がなく繰り返されていたのです。しかも、この一連の加害行為を被害者の親には相談もしていなかったのです（そこから、加害者の親にも連絡はしていないと推測できます）。

このような問題行動への対応の仕方は、私の経験ではほとんど生徒指導の経験のない教師の対応です。

つまり、この矢巾町の担任教師は、「いじめ」と認識できなかったことが問題なのではなく、「問題行動」に対応する力がなかったことが本当の原因です。ですから、「いじめ」の研修をやって「定義」を理解しても、それは的外れの対策になってしまうのです。「問題行動」に対応する力のない教師が、「いじめ」と認識すれば解決できるということはありえません。

現実に起きているいじめは、矢巾町の事件のように、例えばからかい、冷やかし、悪口などの「嫌がらせ行為」や暴力、恐喝などの具体的な問題です。これらのどれでもない「いじめ」などというのは、存在しないのです。

「問題行動」に対応できる力が必要

「苦痛」は主観的なものですから、第三者には正確に判断できません。本人がそう感じたのですから「苦痛」に違いありません。しかし、だから「いじめ」だと言うならば、学校内で起きる問題で苦痛の伴わない問題はありませんから、全てが「いじめ」となってしまいます。

どんな「からかい」であっても、そこに友人関係で強く結ばれていなければ、必ず相手は苦痛を感じます。仲の良い友人関係があっても、何度も繰り返されると苦痛を感じます。

そもそも思春期のこういう種類のトラブルやいざこざは無数に起こります。それを〝ただの〟からかいなのか〝重大な〟からかい（＝いじめ）なのかは、区別することは不可能なのですから、「いじめかどうか」を判断する意味も必要性もありません。

「からかい」はからかいとして、指導すればいいのです。思春期のこの時期は、大半が早期に解決するでしょう。もちろん、その中のいくつかは世の中でいう「いじめ」にあたるものがあるでしょう。

いじめの定義は限りなく広げられ、本当にこの通りに学校現場が「いじめ」と判断したら、荒れている学校では毎日数十件になるでしょう。「いじめ」を管理職に報告し、報告書をつくり、さらに毎日放課後には何時間にも及ぶ「いじめ防止対策委員会」を開かなければいけないはずです。つまり、「いじめ」とさえ認識していれば、組織的対応につながり、「いじめ」は解消されるはずだという考えは、全く非現実的で実行不可能な対策です。

結局、今度は「重大ないじめかどうか」というフィルターにかけ直して対応せざるを得ず、その判断から漏れた「いじめ」が自殺事件に至っています。重大かどうかも、対応してみてはじめてわかることなのです。

「いじめ」に対応するには、個々の「問題行動に対応できる力」をつけることが最大の対策だということになります。

無視されたり、仲間外れにされたりする

「いじめだとは思わなかった」！

世の中には火災対策、交通事故対策、津波対策、大雨対策など多くの対策があります。例えば、火災対策なら予防と発生時の二つからなりますが、その対策の方法に異論があっても、対策自体を否定する人はいません。誰もが必要なことだと疑うことはありません。同様に、「いじめ」にも予防と発生してしまった時の対応方法に熟知することが重要だと思っています。

そのため、「いじめの早期発見・早期対応」が叫ばれ、これがいじめ対策のカギだとされてきました。確かに、いじめを軽微なうちに指導してエスカレートさせないことが大切だと思うからです。

そのため30年以上、いじめを正確に把握して見逃すことのないようにするために、いじ

めの「定義」を正確に理解すること、組織として判断・対応することなどが教訓として言われてきたわけです。

ところがいっこうにいじめはなくなりません。自殺や不登校に至った重大事態では、担任や学校側が「いじめだとは思わなかった」「ただの遊びだと思った」「一過性のものだと思った」「思春期にはよくあることだと思った」という認識が大半を占めます。

すると、また学校側のいじめの認識が厳しく批判され、いじめの定義や組織的対応が叫ばれ、研修会が繰り返されてきました。

つまり、現在のいじめ対策は「いじめは〝発見〟できる」ことを前提としているのです。

最初にいじめかどうかを判断しない

ところが、火災・交通事故・津波・大雨などは間違いなく認識できますが、いじめは誰もが簡単には認識（判断）できるものではありません。いじめは相手が感じた「苦痛」で決まるのですが、無視や仲間外れによって感じる苦痛は、双方の人間関係や起きた背景などによって実に様々です。子ども時代によくあるもめ事やトラブルと言えます。

しかし、相手が苦痛を感じるならば指導をしなければいけませんが、指導の結果いじめかどうかがわかることです。つまり、いじめを先に発見することなど不可能なのです。双方から事実関係を確かめたり、気持ちを聞いたりして、はじめていじめだと認識（判断）できるのです。

ところが多くの重大事件は、まず子どもや親からの訴えを聞いたり、他の子どもからの情報を検討したりして「いじめかどうか」の判断をしようとしています。その結果、いじめではないという判断をした事件は、対応が軽視または放置され重大化します。

この段階で無視、仲間外しがいじめかどうか判断して、対応することなどできません。したがって、いわゆる「いじめ」を解消するなら、いじめの定義の理解ではなく無視や仲間外しなどの指導に熟知することのほうが重要なのです。

この無視、仲間外しがすぐにいじめ行為だというならば、もはや子どもたち同士のかかわりをなくす以外に防ぐ術はありません。

もし、相手が苦痛を感じているならば、取り除く指導が必要ですが、それについては既に第3章の11で述べています。


【ここがポイント！】

もめ事やトラブルが起きると、それが「いじめかどうか」の正確な判断が求められていますが、その必要は全くありません。起きた事実に対応すればいいのです。

「死ね」「うざい」「寄るな」などと暴言を吐かれる

子どもも「いじめ」とは思っていない

前項で述べましたが、学校側が「いじめだとは思わなかった」という弁明が多い中で、実は子どもたちの世界ではもっといじめという認識が希薄になるのが、この暴言という行為です。

加害者側の言い分は、

「暴力と違い、ひどいことをしたわけではない」

「ふざけて言っただけで本気ではない」

などです。


大人にも同様の主張があります。「子どもの世界には、この程度のトラブルはつきもので、これを乗り越えてたくましく育ってきたのだから、あまり過敏に対応しないほうがいい」などと。

そのため、「いじめはいけない」とどんなに厳しく叱っても、子どもの心には「自分がやったのはいじめではない。ちょっとふざけて言っただけ」という気持ちが残り、また同じことを繰り返します。

ですから、「死ね」「うざい」「寄るな」などの暴言の意味をきちんと理解させることが大事なのです。

「私は価値のない人間なのかも」と絶望する

「死ね」「うざい」「寄るな」などの言葉を投げつけられると、人はどんな心境になるでしょうか。「君は必要のない人間だ」「君は価値のない人間だ」と言われているわけですから、耐えられず絶望的になることがあります。

もちろん、1回や2回でそうなるわけではありませんが、第3章の2でふれたように、人の「基本的欲求」にかかわることですから、「暴力のようなひどいものではない」とか、「ふざけただけ」などとすまされることではありません。まず、ここをじっくりと説明します。

「廊下を歩いていて、自分は何もしていないのに、通りがかりに『死ね!』と言われたとします。教室に戻り、机に向かおうとしたら、またどこからか『死ね！』という言葉が投げつけられたとします。しかも、誰も助けてくれません。こんなことが頻繁に起きると、人は『もしかしたら、私は本当に価値のない人間なのかもしれない』と思い込んでも不思議はありません」

「少しは話せる友達のところに行ったとたんに、そこにいた別の子に『うざい』『寄るな』などと言われたら、どんな気持ちになりますか。『私は誰にも相手にされない』『私はこのクラスではいらない人間なんだ』と絶望的になるでしょう」

同様のものとして、相手を傷つける侮蔑的な〝あだ名〟で呼ぶのがあります。

単なるからかいや悪ふざけを超えているのが、これらの暴言です。人の尊厳を奪うものであり、回数の問題ではないこと、暴力以上に過酷な言動であることを学級活動などで、時間をかけて説明することが大事です。4月の、起きる前にやっておくことです。

【ここがポイント！】

非暴力系の言葉による「いじめ」は、子どもたちは「これはいじめではない」と思いがちです。起きてからではなく、起きる前に時間をかけて話しておくと効果があります。

3

からかわれたり、冷やかされたりする

「1回か2回言っただけ。みんな言っている」

他人をからかったり、冷やかしたりするのは、前項の暴言とは違って誰もが経験します。大人の世界にさえあります。私は健康的なからかいや冷やかしはあると思います。

ところが、そのため罪の意識がもてず、加害者の保護者と「これくらいで問題なのか」ともめることが少なくありません。実際、からかいや冷やかしをすぐにいじめとするわけにはいきません。

これが無条件に即いじめとなれば、もはや子ども同士のかかわり合いをなくさなければいけなくなってしまうからです。

さらに子どもの言い分には、「僕は1回か2回言っただけで、みんな言っているのになぜ僕だけが叱られるんだ」というのがあり、いっそう罪の意識は薄くなります。

「人間関係」があるか、ないか

子どもの頃を思い出すと、誰もが学校の帰り道に友達をからかったり、冷やかしたりして遊びながら帰ってきた思い出があるでしょう。でも、ある時は反対にからかわれたり、冷やかされたりして嫌な思いもしたはずです。嫌な思いをしたから、友達の心に生じているはずの気持ちが理解できるようになったのかもしれません。

例えば、普段から仲のいい遊び友達であると、からかい合っても何も起きないものです。自分もしたりされたりしていますし、何よりも相手の心に生じている気持ちがわかるので、限度を超えないからです。ところが、実際の学校現場で起きているからかいや冷やかしには、人間関係が何もないのに、からかったり冷やかしたりする場合があります。

そのため、事前に次のようなことを教える必要があります。このようなことも今は教えておかなければいけないのです。

「例えば、遊んだこともない、名前しか知らない、ほとんど会話したことがない、こういう子からからかわれたり冷やかされたりしたらどう思うでしょうか。言うまでもありません。しかし、たとえ友達であっても、その内容によっては相手を傷つけることになりますが、最低、友達関係がなければしてはいけないのです」などというようなことです。

「心のコップの水」で説明する

この「心のコップの水」というたとえは、東京弁護士会の平尾潔さんが書いた『いじめでだれかが死ぬ前に』（岩崎書店）から学んだもので、とてもわかりやすいたとえです。いじめられた心の中をコップの水にたとえ、嫌なことを言われたりするとコップに水が溜まります。

コップの大きさや溜まり方は一人ひとり違って、外からは誰にも見えません。人の心と同じで見えないのです。

「オレはたった1回だけだ」であっても、多数の子から浴びせられるとどんどん溜まり、最後はたった一滴の水で溢れることになり、死を選ぶかもしれません。

たった1回という言い分が、いかに身勝手な言い分かがわかります。

【ここがポイント！】

からかいや冷やかしは子どもの世界ではよくあることです。しかし、人間関係のない子をからかったりすれば、相手は嫌な気持ちになるのは当たり前です。コップの水にたとえて教えておきます。

叩かれたり、ぶつかられたりする

起きたことを全て取り上げる

子どもの世界では、軽く叩かれたり、ぶつかられたりするのはよくあることです。しかも、遊びを装って行われることもあり、必ずしも一方的に行われるわけではありません。そのため、ますます教師は「ただの遊びなのか、暴力の範囲なのではないか」「いわゆるいじめなのか、この年代ではよくあるただのトラブルなのか」などと迷うことになります。

しかし、第7章の1で「指導の結果、いじめかどうかがわかること」だと書いたように、それがどんなことであろうが、起きた問題行動の種類を明確にする必要はありません。

つまり、軽く叩かれたのか、激しく叩かれたのかを決める必要もなく、したがってそれが暴力と言えるのか、言えないのか、痛かったのか、痛くなかったのかなどを決める意味はないのです。

生徒指導の世界には、問題行動別に対応方法を研究したり学んだり、問題行動別に報告したりする習慣がありますが、これらはあくまで指導後の便宜的な枠であり、実際の対応は混沌とした事実からまず指導を始めるはずです。

ですから、教師は指導前に悩むものは何もないのです。起きたことを全て取り上げればいいだけのことです。例えば昨今の「いじめ事件」の中には、丁寧に指導もしていないのに、「よくあることだ」と思って放置してしまったとか、「大したことがない」と思ったので相手を注意して終わりにしてしまったとか、「本人が気にしすぎだ」と思って、それ以上深くは取り上げなかった、などというのがたくさんあります。

「起きたことを全て取り上げる」のが生徒指導の基本であり、大原則です。いじめの研修を繰り返すよりも、この基本を徹底することのほうがよほど効果があります。

全て取り上げるのは可能か?

全て取り上げると言うと、毎日何かが起きる子どもの世界のことなのに、そんなことが可能なのかと考え込んでしまう人もいるでしょう。

私自身も長く学校現場で生徒指導部に所属し、担任も務めてきましたから、全て取り上げるというのは並大抵のことではないことを知っています。

しかし、生徒指導の世界とはそういうものなのです。トラブルやもめ事というのは複数の子どもが絡んでいますから、誰か1人に聞いて事態を正確に把握するなどという神業のようなことはできません。関係者全員から聞くとすれば、何時間もかかることが少なくありません。

まして、詳しい事実関係も調べないうちに「ただの遊びだと思った」「一過性のものだと思った」「これくらいは思春期にはよくあることだと思った」などと判断できるはずもありません。

本来、学校現場にはゆとりをもって〝全て取り上げる〟ことができる条件があるべきですが、現状はとてもかけ離れています。

それでも、この「起きたことを全て取り上げる」という基本と大原則は肝に銘じておくべきことです。

【ここがポイント!】

「起きたことを全て取り上げる」というのは、「いじめ問題」はもちろん全ての問題行動の対応に共通していることです。「重大かどうか」などを判断してから、取り上げるものではありません。

SNSで嫌がらせを受けている

SNSでのトラブルは、現実のトラブルの反映

『いじめを生む教室』（荻上チキ著、PHP研究所、2018）に「ネットいじめを受けている人は、その大半が、リアルな空間でもいじめを受けている」という興味深い一文がありますが、これは学校現場にいた私の感覚と一致しています。

退職に近づいた最後の5年間は、少なからずネット上のトラブルが起き始めましたが、リアルな世界でトラブルのない子がネット上ではいじめられているということはありませんでした。つまり、ネット上でのトラブルは現実のトラブルを反映していることがほとんどだったのです。

ここがわかっていないと、ネット上のトラブルを防ぐために、教師も生徒も例えば危険なサイトの見分け方、正しい使い方、などの知識があれば防げると考えてしまいます。こ

れでは、多分次々と進化するネットやＳＮＳに際限なく振り回されるでしょう。

もちろん、ネットの匿名性は根拠のない誹謗・中傷をしやすくし、瞬時に多数の人に拡散するという特有の危険性はあります。

しかし、このような誹謗・中傷については、一時期とは違い今ではかなりが発信元（加害者）を特定できますから、警察か専門機関に相談すればいいのです。

また、この特定できることを子どもたちにもはっきりと伝え、犯罪として罰せられることを教えておくべきです。それだけで激減するでしょう。年１回、その専門家に生徒全員を対象に話をしてもらいます。

ところが、最も厄介なのは、現実の学校で行われているいじめが、ＳＮＳなどでさらに追い打ちをかけたりする場合です。このＳＮＳなどでのいじめを解決するには、現実の学校や教室内のいじめを解決しなければなくなりません。

専門機関への相談をためらわない

現実のいじめの解決に取り組むと同時に、ＳＮＳによるいじめもなくさなければ心の負担は軽くなりません。ところが、教師は、相手（加害者）のわからない問題を警察や専門機関に相談することは決断しやすいのですが、相手が自校の生徒であったり、ましてや自分の学級の生徒であったりする場合に、とても迷います。

教師の気持ちは理解できますが、SNSによるものは匿名性が高いので、名指しされないとやめないことが多く、また現実のいじめが進行していてもいじめだと思っていないことが多く、一般的な注意や指導では減ることはありません。

そのため専門家に相談して、SNSによるいじめは独自に減らすことです。現実のいじめの当事者たちの人数より、はるかに多くの者がかかわっていますから、これはこれで減らして拡散を防ぐことです。

しかし、根本的な解決はやはり現実のいじめを解決することです。


【ここがポイント!】

SNSトラブルは、大半がリアルのいじめを反映したものです。そこに介入しないと根本的解決はありません。ただし、同時にSNSによる拡散を防ぐために専門家と相談します。

おわりに

若い時は「今日は1日、叱らずに過ごそう」と何度も思ったものですが、結局、叱らずに終わった日はなかったような気がします。荒れた中学校に勤めてからは、うまく叱ることに専念してしまいました。結局、私は〝褒める〟教育よりも〝叱る〟教育に頼ることになり、37年間の教師生活を終えました。

本書は私の〝叱る〟教育を集大成したものです。こういう叱り方もあるのかと思って読んでいただければ幸いです。

下手くそな褒め方は益にも害にもなりませんが、下手くそな叱り方は学級経営や生徒指導に害をもたらします。つまり、褒めるよりも叱るほうが圧倒的に難しいのです。

ところが、叱らなければいけない場面は以前よりも増えてきました。家庭も地域も保護者も大きく変わり、褒めてばかりでは学級経営も生徒指導もできないのが現実です。

本書から「叱り方」の技術だけでなく、なぜその叱り方がいいのかという「考え方」を読み取ってください。その「考え方」に基づいて、自分に合った叱り方を見つけることこそが最良です。

吉田 順（よしだ・じゅん）

1950年、北海道別海町生まれ。横浜市で37年間公立小中学校に勤務。担任32年、生徒指導部長16年、学年主任13年兼任。2011年定年退職。平成元年より「生徒指導」ネットワーク主宰。現在、「生徒指導コンサルタント」として全国の「荒れる」学校を訪問し、指導方針づくりに参画。「生徒指導」「非行・問題行動」「荒れる学校」「学級経営」などのテーマで講演、著述、相談活動をしている。訪問した学校は40年間で200校を超える。

〈「生徒指導」ネットワーク連絡先〉
〒236-0022 横浜市金沢区町屋町32-41（吉田）
Tel&Fax 045-701-2567
E-mail 24network@iron.biglobe.ne.jp
※質問・悩みなどをお寄せください。ご質問などには
必ず回答します。

新装版 「叱り方」の教科書
学級・学年の“荒れ”を防ぐ叱り方

2020年6月1日　初版第1刷発行
2023年3月31日　新装版第1刷発行

著　者　吉田 順
発行人　安部 英行
発行所　学事出版株式会社

〒101-0051　東京都千代田区神田神保町1-2-5
電話　03-3518-9655
HPアドレス　https://www.gakuji.co.jp/

編集担当　町田 春菜
表紙デザイン　奈良 有望
印刷・製本・本文デザイン　研友社印刷株式会社

落丁・乱丁本はお取り替えします。
ISBN 978-4-7619-2917-6　C3037